中国

RESEARCH ON THE ACCOUNT OF
R&D GROSS FIXED CAPITAL FORMATION:
from performer, industry and province

R&D 固定资本
形成核算研究

——基于部门、行业和区域的视角

朱发仓 ◎ 著

中国财经出版传媒集团

经济科学出版社
Economic Science Press

图书在版编目（CIP）数据

中国 R&D 固定资本形成核算研究：基于部门、行业和区域的视角/朱发仓著 . —北京：经济科学出版社，2019. 11
　ISBN 978 - 7 - 5218 - 1077 - 6

　Ⅰ. ①中… 　Ⅱ. ①朱… 　Ⅲ. ①技术开发 - 固定资本 -经济核算 - 研究 - 中国 　Ⅳ. ①F124. 3

中国版本图书馆 CIP 数据核字（2019）第 264169 号

责任编辑：崔新艳
责任校对：李 　建
责任印制：李 　鹏

中国 R&D 固定资本形成核算研究
——基于部门、行业和区域的视角
朱发仓 　著
经济科学出版社出版、发行 　新华书店经销
社址：北京市海淀区阜成路甲 28 号 　邮编：100142
经管中心电话：010 - 88191335 　发行部电话：010 - 88191522
网址：www. esp. com. cn
电子邮箱：espcxy@ 126. com
天猫网店：经济科学出版社旗舰店
网址：http：//jjkxcbs. tmall. com
北京季蜂印刷有限公司印装
710 × 1000 　16 开 　10. 5 印张 　180000 字
2019 年 12 月第 1 版 　2019 年 12 月第 1 次印刷
ISBN 978 - 7 - 5218 - 1077 - 6 　定价：48. 00 元
（图书出现印装问题，本社负责调换。电话：010 - 88191510）
（版权所有 　侵权必究 　打击盗版 　举报热线：010 - 88191661
QQ：2242791300 　营销中心电话：010 - 88191537
电子邮箱：dbts@ esp. com. cn）

　　本专著系国家社会科学基金项目"R&D 资本存量核算理论及应用研究"（15BTJ004）的成果；并受浙江省一流学科浙江工商大学统计学资助。

序　言

从 1963 年 R&D（research and development）统计规范在意大利的弗拉斯卡蒂（Frascati）小镇诞生到 2008 年《国民账户体系 2008》（System of National Account 2008，2008 年 SNA）中将其认可为投资活动，R&D 身份的"转正"经历了漫长的 45 年。有人认为这就是简单的计算方法改变而已，这种看法恰恰忽视了 R&D 活动的重要性和 R&D 测度的难度。

R&D 是一个系统性的探索过程，其最终成果是增加了全社会的知识存量。《弗拉斯卡蒂手册》（*Frascati Manual*）对这样的活动界定了几个必要标准：创新性、创造性、不确定性、系统性和可转让（可再生）性等。从类型上，又分为基础研究、应用研究和试验发展。不同行业、不同企业类型的研发活动各不相同，既有共性，又有差异性。因此，面临具体的项目，判断其是否为 R&D，这本身就是一项极具挑战性和难度的工作。

R&D 又是一个用处广泛的指标，如政府进行国家比较的 R&D 强度、学者们实证分析的 R&D 资本存量等。投入重要，产出增加同样重要。R&D 资本化核算就是强调不仅仅需要研究 R&D 投入与 R&D 内部支出及外部支出，更需要研究 R&D 投资与 R&D 固定资本形成。

不同于购置设备、筑路建桥这样的物质投资活动，R&D 活动的成果是获得新知识。知识是无形的，常见的发明专利就是很好的例子。但是，还有相当多的知识并不申请专利，而是表现为企业的技术诀窍和技术秘密。这就给测度 R&D 产出带来了极大的困难。在 SNA（国民账户体系）中，对一项获得的核算既需要价格，也需要物量，两者合成就是价值量。农业生产得到的农产品或制造业制造的工业品都是要出售的，都有交易市场，因此交易价格和交易量很容易获得，但 R&D 不是这样。大多数企业开展 R&D 活动是为了提升自身的技术水平，进而降低成本和提升效率。这种以自身最终使用为目的的活动不存在交易市场，无法获得其交易价格和交易量。因此，这需要将 R&D 活动的各执行部门分别对待，必要的时候根据是否出售将 R&D 分类，再根据不同行业分类和不同区域，建立交叉多维的 R&D 产出核算矩阵。

本书分为三个部分：首先是 R&D 资本化核算的基本理论，R&D 对 GDP 核算的影响机理、产出估计方法等；其次分别从各执行部门、工业各行业和各省角度进行 R&D 资本投资测度；最后是总结。

从执行部门的角度分析，有三点发现。（1）1991～2015 年，企业部门 R&D 固定资本形成增长了 18.3 倍，研究与开发机构及高等院校的 R&D 固定资本形成增长速度较快，两部门分别增长了 22.34 倍和 22.28 倍。（2）R&D 资本化后，GDP 新增部分来自企业 R&D 固定资本形成。研究与开发机构以及高等院校的 R&D 活动由政府消费转为投资，导致 GDP 中最终消费率下降，资本形成占比提升。各执行部门 R&D 资本化对 GDP 的贡献率及拉动度呈波动上涨趋势，并且 R&D 资本的增长率大于 GDP 的增长率，R&D 资本化后，R&D 强度降低。（3）基于 C-D 生产函数模型，在物质资本和劳动力投资不变的情况下，R&D 资本每增加 1%，GDP 就会增长 0.1249%。

从工业行业的角度分析，也有三点发现。（1）总体上，我国规模以上工业企业 R&D 产出和 R&D 固定资本形成都呈上升的趋势。（2）工业各行业间 R&D 资本化情况具有显著的行业特征，主要表现为：以电子通信设备制造业为代表的行业 R&D 产出和 R&D 固定资本形成较高，并且在工业总体中的占比不断提升；以自来水的生产和供应为代表的行业，R&D 产出和 R&D 固定资本形成则较低。（3）2015 年，R&D 资本使工业总产出增长了 0.86%，总产出的增长率提高了 0.07%，使工业资产总额提升了 0.98%，投资率提升了 1.46%。

从地区的角度分析发现：一是 2001～2015 年各地区 R&D 资本化引起实际 GDP 增长率平均提高了 0.044 个百分点；二是 2015 年各省份 R&D 资本存量中，广东省最高，为 3162.98 亿元，其次为江苏省，达到 3105.39 亿元；三是通过空间杜宾模型发现，除了本地区 R&D 资本对本地区经济增长产生影响外，相邻区域 R&D 溢出也促进本地区经济增长。

完成本研究是一项很艰难的事情。本研究数据量之大超出想象，计算之烦琐超出想象。这项工作并非一人之力能够完成，而是由团队合力完成的。研究生魏晓青撰写了第五章的初稿，赵娟撰写了第六章的初稿，丁美香撰写了第七章的初稿，研究生胡文仓、罗威、王宁、祝欣茹参与数据收集和文字校对，全书由朱发仓审校。

本书连同笔者已经出版的专著《R&D 资本测度的逻辑：理论与应用》、笔者主译的《知识产权产品资本测度手册》和参与翻译的《弗拉斯卡蒂手册（第 7 版）》（即将出版），分别构成了 R&D 投资（固定资本形成）、R&D 资本存量与流量核算、R&D 固定资本核算国际准则和 R&D 统计国际准则的内容。

本书的出版要衷心感谢许多人。感谢恩师苏为华教授对笔者的培育，感谢科技部创新发展司的领导们，感谢给予我业务指导的浙江省科技厅的领导们。特别感谢中国科技战略发展研究院科技统计与分析研究所宋卫国研究员、玄兆辉研究员和朱迎春研究员的帮助与指导，感谢浙江省科技信息研究院（科技战略研究院）的朋友们。感谢浙江省一流学科浙江工商大学统计学的支持，感谢统计学院的同仁们给予的帮助。感谢妻子的大力支持。

　　希望读者朋友们提出富有建设性的改进建议。

朱发仓

2019 年 8 月

目　录

第一章
引　言

　　研究与开发（research & development，R&D）是指为了增加知识储量而在系统的基础上进行的创造性工作，包括有关人类、文化和社会的知识，以及利用这些知识储备来设计新的应用。R&D 活动作为科技创新活动的主要组成部分，是评估一个国家或地区科技发展水平的重要指标。随着时代的发展，科技创新日新月异，全球的经济特征和发展方式也发生了转变，国际经济环境显著变化，R&D 活动的价值日益显露出来，并慢慢发展成为驱动全球经济增长的重要引擎。在此背景下，各国（尤其是发达国家）越来越重视 R&D 促进经济增长的作用。

　　经济合作与发展组织（Organization for Economic Co – operation and Development，OECD）是研究 R&D 活动权威的国际性组织之一，其组织编写的《弗拉斯卡蒂手册》（*Frascati Manual*）一直以来都是全球各个国家或地区实施 R&D 调查的标准。1963 年 6 月，OECD 为指导各成员国完善 R&D 统计调查工作，召开了成员国 R&D 统计专家会议。会议通过了《研究与试验发展调查实施标准》的首个正式版本，即《弗拉斯卡蒂手册》第 1 版（目前国内发行的是该手册的第 6 版，第 7 版中文版预计今年年底可以付梓印刷）。

　　在 R&D 统计数据调查核算实践方面，1992 年起，美国经济分析局（Bureau of Economic Analysis，BEA）建立了 R&D 卫星账户体系。许多 OECD 成员国如荷兰（2003）、丹麦（2006）、以色列（2006）、英国（2007）、加拿大（2008）等，根据该手册制定出本国的 R&D 统计调查制度。中国于 1995 年也正式建立了 R&D 统计调查制度。

　　在 R&D 资本核算方面，1993 年联合国等国际组织联合发布的《国民账户体系 1993》（System of National Account 1993，1993 年 SNA）认为，部分 R&D 活动形成专利，R&D 活动的目的是提高生产效率，故 R&D 活动应该具有投资性质。但由于 R&D 活动的指标、概念、边界等还不够完善，没有形成一致性意见，实践中操作起来困难重重，所以 1993 年 SNA 仍然建议把 R&D 活动作为"中间投入"。

随着无形资产对经济发展影响的日益突出，20 世纪 90 年代以来世界各国越来越重视 R&D，特别是发达国家对 R&D 支出资本化核算方法进行了较长时间的探索，并逐渐成熟。为更准确地反映经济发展的阶段特征，2009 年，联合国等五大国际组织颁布了国民经济核算新的标准，即《国民账户体系 2008》(System of National Account 2008，2008 年 SNA)。2008 年 SNA 中调整了 R&D 活动的核算方法，将可以为所有者带来经济效益的 R&D 支出核算为"固定资本形成"，而非"中间消耗"。2008 年 SNA 将 R&D 资本归入"固定资产"项下的"知识产权产品"① 子项目，而 1993 年 SNA 定义的非生产资产中的"专利"科目不复存在。2008 年 SNA 对 R&D 核算方法的调整为各国展开 R&D 资本化核算提供了理论支撑。

2008 年 SNA 颁布之后，世界各国先后实施新的国际标准。OECD 也于 2010 年发布了包括 R&D 在内的知识产权产品资本化核算指导手册，以指导各国的实践，形成国际可比的 R&D 资本数据。大多数国家，如澳大利亚、加拿大、美国、英国、法国、以色列等相继开展 R&D 资本化核算的实践研究。表 1 - 1 的结果表明，R&D 资本化后各国（地区）的 GDP 都呈现出不同程度的增加。

表 1 - 1　　　　2010 年 OECD 国家 R&D 资本化核算对 GDP 的影响　　　单位：%

国家	R&D 强度	R&D 资本化后 GDP 增加比率	国家	R&D 强度	R&D 资本化后 GDP 增加比率
澳大利亚	2.19	1.4	韩国	3.47	3.6
奥地利	2.76	2.3	卢森堡	1.53	0.5
比利时	2.05	2.4	荷兰	1.72	1.8
加拿大	1.81	1.2	新西兰	1.30	1.1
捷克	1.34	1.2	挪威	1.65	1.4
丹麦	2.94	2.6	波兰	0.72	0.5
爱沙尼亚	1.58	0.9	葡萄牙	1.53	1.3

---

① 根据 SNA2008 第 10.98 段，知识产权产品包含以下部分：R&D，数据库与计算机软件，矿物勘探，艺术品原件及其他。

国家	R&D 强度	R&D 资本化后 GDP 增加比率	国家	R&D 强度	R&D 资本化后 GDP 增加比率
芬兰	3.73	4.0	斯洛伐克	0.62	0.6
法国	2.18	2.2	斯洛文尼亚	2.06	1.9
德国	2.71	2.3	西班牙	1.35	1.2
希腊	0.60	0.6	瑞典	3.22	4.0
匈牙利	1.15	1.2	英国	1.69	1.6
爱尔兰	1.61	3.5	美国	2.74	2.5
以色列	3.93	2.2	OECD 平均	2.30	2.2
意大利	1.22	1.3			

资料来源：许宪春，郑学工. 改革研发支出核算方法更好地反映创新驱动作用 [J]. 国家行政学院学报，2016 (5): 4-12.

　　自改革开放以来，我国经济发展取得了举世瞩目的成就，经济实力不断增强。据《中国统计年鉴 2016》中数据显示，2015 年，我国 GDP 总量更是增长到 68.55 万亿元，经济总量稳居世界第二。但是，随着中国经济步入新常态，经济增长速度开始放缓。我国近些年在科技方面的拨款力度不断加大，R&D 经费的投入增长幅度更大，从 1991 年的 125.43 亿元增加到 2015 年的 14169.88 亿元。研发成果（如国内专利申请授权量）基本呈现逐年增长的趋势，2015 年国内专利申请授权量约 159.70 万件（见图 1-1），同比增长 32%，并且较 20 年前翻了将近 40 倍。

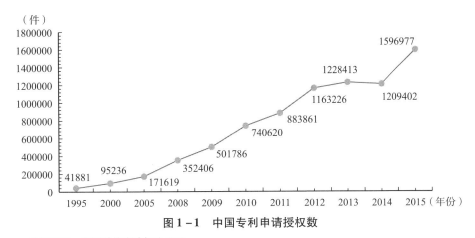

图 1-1　中国专利申请授权数

资料来源：中国科技统计年鉴 2016。

技术进步对于提高资本和资源使用效率、提高劳动生产率起到了至关重要的作用，成为我国实现经济转型的重要手段。我国经济的发展动力也正从依靠资源逐步转向技术创新。所以 R&D 资本化核算方法改革，将 R&D 由原来的"中间消耗"调整为"固定资本形成"，并记入 GDP 中，将有利于引导我国各执行部门加大 R&D 投入力度，从而推动技术进步，促进经济转型升级。

从我国管理创新发展战略角度来看，我国在不断加大知识创新的投入。从国家宏观管理上看，面对社会经济发展过程中出现的新情况，2013 年党的十八届三中全会通过的《中共中央关于全面深化改革若干重大问题的决定》明确提出"加快建设创新型国家"。① 党中央、国务院将创新摆在国家发展全局的核心地位，强调要实施"创新驱动发展战略"，并于 2016 年 5 月 19 日印发《国家创新驱动发展战略纲要》，党的十九大报告中也明确提出创新是引领发展的第一动力。在这种创新发展理念和创新发展战略的引领下，政府和企业不断加大研发投入力度，新的科研成果不断涌现，以新产业、新业态、新模式为核心的新兴经济迅速发展，新动能不断积累，② 这些经济发展中出现的新情况，以及管理产生的新需要都向政府统计提出了新要求和新挑战。2015 年 3 月，中共中央国务院在《关于深化体制机制改革加快实施创新驱动发展战略的若干意见》中特别指出，"要改进和完善国内生产总值核算方法，体现创新的经济价值"。国家统计局非常重视对 R&D 创新活动等领域的国民经济核算制度方法改革研究，2017 年 8 月获得国务院批复的《中国国民经济核算体系（2016）》（以下简称 2016 年 CSNA）则体现了最新的研究成果。③ 在 2016 年 CSNA 中，主要在 R&D 产出核算、R&D 资本存量核算和 R&D 支出计入 GDP 核算三个方面体现了 R&D 支出核算方法改革的最新研究成果，④ 同时将 R&D 作为资本，列在知识产权产品下。但是各省在 R&D 统计和推进 R&D 资本化核算工作进程中仍存在一些误区，甚至学界也尚有谬误之处。故本书阐述 R&D 资本化核算的理论和方法，从执行部门、工业各行业和省级层面计算 R&D 产出、R&D 资本形成，对全国层面及省际层面的 GDP 重新估计，并分析 R&D 资本化对国民经济核算指标以及对经济增长的影响。

---

① 关于全面深化改革若干重大问题的决定 . 2013.

② 许宪春 . 国民经济核算为何需要新标准［N］. 经济日报，2017 - 08 - 24.

③ 国家统计局 . 中国国民经济核算体系 2016. 许宪春 . 论中国国民经济核算体系 2015 年的修订［J］. 中国社会科学，2016（1）：38 - 59. 许宪春 . 中国当前重点统计领域的改革［J］. 经济研究，2013（10）：18 - 28.

④ 许宪春，郑学工 . 改革研发支出核算方法更好地反映创新驱动作用［J］. 国家行政学院学报，2016（5）：4 - 12.

第二章
文 献 综 述

第一节 R&D 统计与核算国际标准进展

一、2008 年 SNA 对 R&D 的界定

在 1993 年 SNA 中从事研究与开发被认为是一种以提高效率或产出率，或在将来获得其他利益为目的的投资活动，而不是消费活动。而在 2008 年 SNA 中，R&D 支出是指为了增加知识储备（包括有关人类、文化和社会的知识）并利用这种知识储备开发新的应用，系统性地从事创造性工作而产生的支出。尽管两者关于 R&D 的定义不尽相同，但从本质上看是一致的，系统性、创造性、新颖性是 R&D 活动的特征，也是一项科技活动是否是 R&D 活动的主要标准。

2008 年 SNA 认为，假如 R&D 成果发生了市场交易，则 R&D 产出应该按照市场价格进行估价，其中加成部分应该反映生产中所使用的固定资产的成本。对于特定的商业化研究实验室或机构展开的 R&D 活动，应该按照契约、费用、佣金等收入进行估价。对于政府部门、高等院校以及非营利研究机构开展的 R&D 活动，由于其生产的非市场性，所以需要按照发生的总成本进行估价。同样对于企业为了自身最终使用进行的 R&D 活动，建议也采用总成本法。但是，如果 R&D 活动不能为生产者带来经济利益，则被记录为"中间消耗"。

二、《知识产权产品资本测度手册》（IPP 手册）对 R&D 的界定

2010 年底，OECD 发布了《知识产权产品资本测度手册》（*Handbook on*

Deriving Capital Measures of Intellectual Property Products），为各国核算 R&D 固定资本形成提供了指导，这样就建立了 R&D 固定资本形成的基本核算方法。美国、法国、德国等在国民账户中直接将 R&D 核算为资本，并开发了自己的 R&D 卫星账户。各国的核算方法基本与 OECD 建议的方法类似，是基于对 R&D 内部支出进行调整获得 R&D 产出，然后进行进出口调整，获得当年的 R&D 固定资本形成。《知识产权产品资本测度手册》工作组人员认为非市场部门的大多数 R&D 支出应被记录为固定资本形成，并给出建议：第一，当所有者可以有效地管理和控制 R&D 产出获得预期收益时，就产生了资产的所有权，可以通过诸如专利的方法来防止他人争夺所有权；第二，当知识产权不清晰时，将 R&D 购买者视为经济所有者，而在自己生产供自己使用的情况下，生产者应视为经济所有者；第三，当经济所有权存在时，能为所有者带来经济利益时就可以资本化；第四，除了为出售而生产的 R&D 原件，其他均视为固定资本形成。

三、各国 R&D 资本化研究及实践

OECD、联合国等组织颁布 2008 年 SNA，将 R&D 进行资本化处理。这一重大决策的实施吸引了很大一批国外学者开始 R&D 资本化核算的研究。有学者指出 1993 年 SNA 与 2008 年 SNA 对 R&D 活动处理方式的区别（Huang, et al.，2011）：1993 年 SNA 认为 R&D 活动是中间投资，2008 年 SNA 认为 R&D 活动属于固定资产，并建议将 R&D 资本化。也有学者认为 R&D 产出具有固定资产的特点，R&D 投资应作为投资，并列举出美国 1985 ~ 2010 年 R&D 核算数据（Bob Cornfield，2013）。美国经济分析局（2013）总结出应将 R&D、文学、娱乐及艺术品原创支出列为固定资产投资，并探讨了它们的估算方法。

在 2008 年 SNA 的基础上，美国、加拿大、英国、法国等发达国家和地区都相继展开了实践。研究发现 R&D 资本化后，各国的 GDP 都呈现出不同程度的增加。BEA 的 R&D 卫星账户提供了关于 R&D 支出的详细数据，BEA 通过将 R&D 支出资本化，分析其对 GDP 以及经济结构的影响。相关研究证明，如果将 R&D 资本化，将会对 GDP、NDP、固定资本存量以及固定资本形成总额产生影响，如可以使丹麦 2002 年的 GDP、NDP、固定资本存量、固定资本形成总额分别增长 2.2%、0.6%、2% 和 11.5%（Christian Gusting，2006）。

截至 2016 年，全球已有近 40 个国家按照 2008 年 SNA 的要求，将 R&D 资本化列入固定资本形成科目下，并计入 GDP，这些国家主要集中在 OECD 成员国。其中，澳大利亚于 2009 年率先将 R&D 进行资本化处理，加拿大于 2012 年按照 2008 年 SNA 修订了 GDP，而美国调整 GDP 核算方法在国际上更是引起了巨大关注，紧接着越来越多的国家加入实施新核算方法的队伍中。

第二节 中国 R&D 核算研究进展

一、2016 年 CSNA 对 R&D 的调整[①]

2016 年 CSNA 中引入经济所有权、知识产权产品等新概念，改变了研究与开发等活动的核算处理方法。通过对 R&D 资本化核算，可以将 R&D 等科技创新活动纳入投资和资产核算中，影响 GDP 的核算，从而提升科技创新活动对经济的影响力。另外 2016 年 CSNA 对机构部门分类进行了调整，新设"为住户服务的非营利机构部门"，将其与企业、政府机构、住户等部门并列。

二、国内学者 R&D 研究进展

虽然我国刚开始实施 2016 年 CSNA，但是国内学者很早已经开始研究 R&D 资本化核算问题。侯小维（1998）、史文瑞（2000）介绍了德国的科技统计，以期为中国科技统计工作提供帮助。高敏雪（2001）对美国的 R&D 卫星账户展开研究，为我国 R&D 卫星账户体系构建提供参考。魏和清（2004）解释了 R&D 活动的内涵，并指出了有关我国 R&D 资本核算的一些关键性问题。路守胜（2009）研究了美国及法国 R&D 卫星账户后，提出我国实施 R&D 卫星账户的思路。魏和清（2012）指出 2008 年 SNA 中 R&D 核算方法的变化，并分析了 R&D 资本化在以后实施过程中可能要面临的问题。魏和清（2012）梳理了 2008 年 SNA 关于 R&D 核算的改进内容，分析 R&D 资本化对宏观经济指标的影响，并讨论了目前 R&D 资本化核算存在的问题。中国 SNA 改革课题

---

① 国家统计局关于改革研发支出核算方法修订国内生产总值核算数据的公告．网址：http：//www. stats. gov. cn/tjsj/zxfb/201607/t20160705_1373924. html.

组对 2008 年 SNA 的重点修订内容进行了整理，并提出我国 R&D 资本核算应注意的一些问题（2012）。王孟欣（2012）将 R&D 资本与其他物质资本进行区别处理。曾五一（2014）介绍了美国将 R&D 资本算进 GDP 的修订方法。何平（2014）对 R&D 资本化的实施进行系统性研究，梳理出我国开展 R&D 资本核算的难点，并提出一些合理性建议。倪红福（2014）以北京市为研究对象，分析了 R&D 资本化核算产生的结果及影响，还为我国建立 R&D 卫星账户提出建设性提议。杨林涛（2015）对深圳市 R&D 支出纳入 GDP 中进行了测算，发现 R&D 资本纳入 GDP 后对经济的贡献率大概为 1.78%，并讨论了 R&D 资本化对我国经济结构产生的影响。江永宏、孙凤娥（2016）以 2008 年 SNA 为依据阐述了 GDP 核算中有关 R&D 资本化核算处理，并从 GDP 核算的三个角度，分析了 R&D 资本化核算对 GDP 核算及相关主要变量的影响。朱发仓（2016）阐述了 R&D 资本化核算的理论方法，并以浙江省为例，实证分析了 R&D 资本化对浙江省 GDP 及相关指标的影响。许宪春（2016）梳理了我国 R&D 核算改革的基本原则，讨论了在 R&D 支出处理方面统计调查、国民经济核算、会计核算之间存在的差异，并分析了 R&D 资本化对我国 GDP、增速及经济结构带来的影响。徐蔼婷、祝瑜晗（2017）开始勾勒 R&D 卫星账户（R&D Satellite Account，R&DSA）的整体框架，比较详细地介绍了 R&D 桥接表、R&D 供给使用表、R&D 资本形成表、R&D 资本存量表以及 R&D 资本化影响表的编制办法，为我国 R&D 卫星账户（R&D Satellite Account，R&DSA）的编制与试算提供了参考性意见。

三、R&D 资本存量的研究进展

（一）R&D 资本存量测算方法

R&D 资本存量的测算方法主要有戈德史密斯（GoldSmith，1951）测算法、格里利切斯（Griliches，1980）测算法和 BEA（2010）测算方法。戈德史密斯（1951）假定滞后期为 1，当期的 R&D 资本量与前一期的 R&D 资本存量及当期不变价 R&D 投资有关，且当期 R&D 投资全部转化为 R&D 资本存量。格里利切斯（1980）假定当期 R&D 资本存量的折旧额与扣除折旧后的上一期的折旧额有关，且上一期不变价 R&D 投资全部转化为当期资本存量。戈德史密斯与格里利切斯均假定 R&D 资本存量的增长率与 R&D 投入增长率相等，且初始存量估计方法相同，不同点仅在于资本存量估计公式。BEA（2010）假定当期的 R&D 资本存量与上一期 R&D 资本存量及不变价 R&D 支出有关，但 R&D 投资不是全部转化为 R&D 固定资本形成，只有一半的折旧转化为了资本存量。在具体测算时，三种方法都需要将 R&D 资本存量增长率、R&D 折旧率、R&D 支出价格指数等相关参数考虑在内。

与物质资本存量的测算方法类似，各国统计机构及专家学者一般采用永续盘存法（PIM）来测算 R&D 资本存量。该方法的理论逻辑就是将历年 R&D 投资进行累加，并将资产效率的损失以及资产最后退出使用纳入考虑范围。从国际角度看，R&D 资本存量的测算研究开始较早，根据目前已有的研究成果，R&D 资本存量的测算方法主要是格里利切斯（1980）关于 R&D 资本存量的测算方法和 BEA 关于 R&D 资本存量的测算方法。

1. 以格里利切斯（1980）为代表的永续盘存法

$$R_t = (1 - \delta) R_{t-1} + \sum_{i=1}^{n} \mu_i E_{t-i} \qquad (2-1)$$

其中，R_t、R_{t-1} 分别表示 t、t–1 期的 R&D 资本存量，δ 表示 R&D 资本的折旧率，E_{t-i} 表示 t–i 期的 R&D 内部支出，μ_i 表示滞后 i 期的 R&D 内部支出的转化率，n 表示总的滞后期数。

2. BEA 关于 R&D 资本存量的测算方法

从美国 BEA 的测算方法看，其测算公式为：

$$R_t = R_{t-1} - D_t + A_t \qquad (2-2)$$

其中，R_t、R_{t-1} 分别表示 t、t–1 期的 R&D 资本存量，D_t 为 t 期所需要消耗的 R&D 资产，A_t 为 t 期的 R&D 投资。

BEA 测算方法与格里利切斯（1980）测算方法的不同之处在于，BEA 认为不仅过去时期的 R&D 资本存量需要计提折旧，本期的 R&D 投资也需要计提折旧。

$$D_t = \left(R_{t-1} + \frac{A_t}{2} \right) \times \delta \qquad (2-3)$$

其中，δ 表示 R&D 资本折旧率。t 期 R&D 资本存量的基本公式表示为：

$$R_t = (1 - \delta) R_{t-1} + \left(1 - \frac{\delta}{2} \right) A_t \qquad (2-4)$$

（二）R&D 资产折旧率的选择

R&D 资产折旧率与 R&D 资产的使用寿命以及折旧模式存在很大的联系。国外学者提出了多种测算折旧率的方法（主要包括专利更新模型、生产函数模型和摊销模型方法），不同测算方法结果相差很大。有研究者根据 1974 ~ 2003 年美国 16750 家企业数据，利用生产函数法计算折旧率，金属机械为 -0.02，混合行业为 -0.02，化工为 -0.02，机电设备为 -0.03，计算机和科学仪器为 -0.05，药品和医疗器械为 -0.11；用市场价值模型计算折旧率，金属机械为 0.43，混合行业为 0.24，化工为 0.22，机电设备为 -0.03，计算机和科学仪器为 0.52，药品和医疗器械为 0.16（Browyn H. Hall, 2006, 2007）。

1. R&D 资产的使用寿命

一般而言，不同行业、不同类型的 R&D 资产的使用寿命存在很大差别。例如，芬兰统计局（2009）将芬兰 R&D 资产分为 5 类，将其使用寿命分为 7 ~ 20 年不等。有的研究将荷兰 R&D 资产的使用寿命平均化为 12.5 年，其中在上限化工制造业中使用寿命达到 15.5 年，而在下限电子制造业中仅为 9.5 年（Rooijen - Horsten, 2008）。还有研究对英国 R&D 资产使用寿命开展了统计调查，将 R&D 资产分为 4 ~ 12 年不等的 9 类（Ker, 2014）。OECD（2010）与欧盟统计局（2014 年）将 R&D 资产的使用寿命设置为 10 年。

2. R&D 资产的折旧模式

物质资本的折旧模式一般有直线折旧法、几何折旧法等，考虑到 R&D 资产在投入使用的前几年折旧速度比较快，所以 OECD（2010）建议采用几何折旧方法来计算 R&D 资本折旧率。在具体计算上，不同的学者所采用的 R&D 折旧率不尽相同。在 R&D 资本折旧率的选择上，国际上也尚无统一的标准。芬兰统计局（2009）将芬兰 R&D 资产的折旧率设置为 10% ~ 30% 不等。有研究将英国 R&D 资产平均折旧率设定为 20%（Ker, 2014）。BEA 将 R&D 资本平均折旧率设置为 16%。国内学者对 R&D 资本折旧也展开了一定研究。李小胜（2007）将 R&D 资本折旧率设定为 12%，王孟欣（2011）将东、中、西部地区的 R&D 折旧率分别设定为 18%、15%、12%，王康（2011）假定折旧率为 12%，吴延兵（2006）设定 R&D 资本折旧率为 15%。

3. R&D 资产价格指数的构造

R&D 资产价格指数对于计算 R&D 资本存量至关重要。由于 R&D 资产缺乏可观测的市场价格，各国尚未编制 R&D 资产价格指数。贾菲（Jaffe, 1972）、格里利切斯（1980）采用非金融企业工资价格指数以及 GNP 价格指数加权来获得 R&D 资产价格指数。牛津大学经济学家加文卡梅伦（Gavin Cameron）认为，大多数研究使用 GDP 缩减指数测算 R&D 支出对经济增长的影响，把现价转化为不变价，作为一个整体经济。但 R&D 经费使用与一般经费使用存在差别，使用 GDP 来缩减 R&D 不能真实地反映 R&D 经费的变化。调查法和加权计算法是 R&D 支出价格指数编制的主要方法。1992 年《弗拉斯卡蒂手册》使用 R&D 加权作为 R&D 价格指数，2002 年《弗拉斯卡蒂手册》推荐 R&D 统计使用隐含 GDP 价格指数。2010 年《弗拉斯卡蒂手册》提出可以通过具有相似特征的价格指数系列代替 R&D 价格指数。还有研究者用 R&D 服务行业的收入指数除以 R&D 物量指数，得到 R&D 产出价格指数（Adam Copeland，Dennis Fixler，2012）。

我国学者普遍借鉴国外学者的做法。朱平芳和徐伟民（2003）利用居民消费价格指数与固定资产价格指数加权计算，得到 R&D 资产价格指数。李小胜（2007）利用工业品出厂价格指数和 GDP 相关价格指数进行加权来确定 R&D 价格指数。魏和清（2012）、朱发仓（2014）考虑到 R&D 活动经费主要是由劳务费、其他日常支出、资本性支出构成，所以建议劳动者价格指数、原材料价格指数以及固定资产价格指数三者进行加权平均。

4. 基期 R&D 资本存量的估计

对于初始 R&D 资本存量估计，一是利用 R&D 固定资本形成与 R&D 资本存量的比例关系进行推算。如扬（Young，2003）、张军（2004）等利用基期固定资本形成除以折旧率与增长率的和，推算出初始的资本存量。

$$\frac{R_t - R_{t-1}}{R_t} = \frac{I_t - I_{t-1}}{I_t} = k \qquad (2-5)$$

其中，k 是当期固定资本形成和资本存量的平均增长率。

$$R_0 = \frac{I_1}{k + \delta} \qquad (2-6)$$

其中，R_0 为初始 R&D 资本存量，I_1 为第 1 期的 R&D 固定资本形成。从公式（2-6）可以发现，当时间序列比较短时，初始 R&D 资本存量对 R&D 资本存量的影响较大，但是随着时间序列的延长，该影响将越来越小。

二是岳书敬和刘朝明（2006）以及钱雪亚（2011）对基期 R&D 资本存量的研究方法，假定第一期 R&D 资本存量是过去年份 R&D 固定资本形成的加总，则投资序列可近似为：

$$I_t = I_0 e^{\delta t} \qquad (2-7)$$

取对数，$\ln I_t = \ln I_0 + \delta t$，$t = 1, 2, \cdots, T$，利用 R&D 投资序列对时间回归可以得到 I_0、δ，那么第一期的资本存量为：

$$R_0 = \int_{-\infty}^{0} I(t)\, dt = \frac{I_0 e^{\delta}}{\delta} \qquad (2-8)$$

通过 I_0、δ，可估计初始 R&D 资本存量。

在国内，王孟欣（2011）指出资本存量的核算包括三种方法：调查法、永续盘存法（PIM）和"固定资产平衡表"法。永续盘存法最常用。1995年，有学者首次利用该方法测算 R&D 资本存量（Coe and Helpman，1995）。之后，在相关研究中，国内外学者大多使用该方法估计 R&D 资本存量。项本武（2011）通过 R&D 内部支出估计 R&D 资本存量，分别用固定资产投资价格指数和原材料、燃料动力购进价格指数平减 R&D 内部支出，并用这两个指数和消费价格指数的加权缩减 R&D 支出的其他费用，从而得到各分量的不变价 R&D 支出。刘建翠、郑世林（2015）通过计算 1978 ～ 2012 年 R&D 资本存量，分析 R&D 资本存量的趋势，发现 R&D 资本存量整体呈上升趋势。

四、R&D 资本与经济增长关系的研究

国外学者很早就致力于研究科技创新与经济增长之间的关系，从理论角度分析了科技投资促进知识增长、知识增长成为经济长期持续增长的内在因素（Romer，1990；Aghion、Hewitt，1992，1998）。有学者使用内生经济增长理论证实国际贸易、外商投资、技术引进等形式可以让一国经济从他国 R&D 活动中受益（Grossman and Helpman，1991）。行业层面的实证分析表明，R&D 活动不仅能促进当前产业的发展，还可以对其他产业产生溢出效应，进而促进整个经济的发展（Scherer，1982；Griliches，1984）。有研究认为，某个产业的 R&D 活动可以实现产业结构的升级，并改变一国经济增长的方式（Jaffe，1986；Bernstein，1988）。也有学者使用以色列以及 21 个 OECD 国家 1971 ～ 1990 年的 R&D 数据，证实国内外 R&D 资本对一国的生产率具有重要的影响（Coe and Helpman，1995）。相关研究结果证实，某产业 R&D 资本不仅可以提高本产业的技术效率，还会提高其他产业的生产率，提高整个经济体的生产率水平（Fogarty and Trajtenberg，2000）。

我国关于 R&D 资本对生产率影响的研究起步较晚，也多集中在定性研究上，近些年相关实证研究才逐渐增多。朱平芳（1999）利用 Granger 因果检验的方法，实证探讨了上海市科技经费投入与我国 GDP 的关系，结果显示，二者之间存在显著的相关性。吴延兵（2006）选用细分的中国制造业相关数据，通过实证分析研究了我国制造业 R&D 与生产率的关系，认为 R&D 投资对经济增长有十分明显的促进作用。徐东林、郭云南（2007）研究了 R&D 投资促进经济增长的作用机制，结果表明，R&D 投资对经济增长的影响存在滞后效应，

在投资的 8~15 年效果明显。刘建翠（2007）对我国高新技术产业中的大中型企业全要素生产率进行了测算，结果显示，一般政府部门 R&D 投资是促进经济增长的重要因素。

（一）R&D 投入结构与经济增长关系的研究

国外对于 R&D 经费投入结构的研究较早，研究者认为，技术、自然资源、人力资源和资本构成了经济增长的四要素（Samelson）。索洛（Solow，1956）对生产函数做进一步改进，定量分离出技术进步对经济增长的作用。有学者基于研究与发展内生增长理论，研究了 R&D 对经济增长的作用，认为 R&D 投入水平的提高会加快经济增长（Romer，et al.，1990）。格里利切斯（1986）分析了美国制造业数据，得出结论：科技投入水平对生产水平具有显著的促进作用，且 R&D 投入在科技投入中起到关键作用。有研究指出，劳动力在经济增长中是以外生变量的形式存在，R&D 与经济增长之间影响作用是相互的，经济增长会影响 R&D 投入，同时，R&D 投入也会影响经济增长（Jones，1995）。还有研究使用四种投入要素（包括物质资本、劳动力投入、人力资本、R&D资本）研究生产函数模型，认为 R&D 投入对经济增长具有显著的促进作用（Baskin and Lau，1996）。

我国全国层面的相关研究，杜江、杨文溥（2016）对 R&D 投入与工业行业的生产效率状况采用面板随机前沿模型测算，发现 R&D 投入对工业总产值增长有正向的促进作用。王尚威、刘洋（2016）利用 C－D 生产函数研究 R&D 经费支出、R&D 人员数、资本投入与 GDP 之间均衡关系，以及 R&D 投入与经济增长之间的互动机制。研究表明，R&D 经费内部支出是经济增长的动力和源泉，且二者互为因果关系。省际层面，肖文峰、李萍、徐长林、姬存宇、叶凯（2009）对新疆 R&D 人员、经费支出与经济增长和专利之间用灰色关联度进行分析，发现两者存在正向促进作用。王维国（2009）使用面板模型，对我国 31 个省份的 R&D 投入与经济增长之间的关系进行研究，结果表明，我国 R&D 投入对经济增长具有明显的地区差异性，高投入和低投入地区的贡献率较低，中等投入地区的贡献率较高。严成樑、朱明亮（2016）对省际层面 R&D 强度和政府 R&D 投入对经济增长的影响进行分析，结果表明，R&D 强度对我国经济增长具有显著的正向促进作用，政府 R&D 投入对我国经济增长具有负向影响。孙风娥、江永宏（2017）在 2008 年 SNA 框架下，测度了 1952~2014 年 R&D 资本对经济增长的贡献，并利用索洛模型及隐性变量法分析了 R&D 资本全要素水平，结果表明，R&D 资本绝对额和相对额均呈现快速增长趋势，R&D 投入的全要素生产率及 R&D 资本对经济增长的贡献均呈现先上升后下降的趋势，且对经济增长的影响为负。

（二）R&D 溢出的研究

格里利切斯（1979）首次提出用柯布—道格拉斯（Cobb - Douglas）函数研究 R&D，将 R&D 引入生产函数，对 R&D 资本存量进行了定义和测度，同时通过公司与行业间的技术距离对 R&D 溢出进行了讨论，度量了溢出效应，推动了局部知识溢出研究。在此的基础上，相关学者利用生产函数面板数据协整分析得出，溢出对生产率有显著的正影响（Woff and Nadiri，1993）。有学者研究国际贸易对 R&D 溢出的影响，得出结论：进口货物和国际溢出存在较强的相关性（Coe and Helpman，1995）。贾菲（1988）对 R&D 溢出的局部进行研究，得出结论：美国每个州的专利与当地商业领域存在"技术溢出"。在新经济增长理论中，相关研究结果证实了 R&D 溢出效应是内生经济增长的重要机制（Romer，1986；Lucas et al.，1988，1993）。R&D 溢出需要区分区域内溢出和区域间溢出，区域内溢出包括区域经济交易、人员交流合作及人力资本在区域内的流动、技术合作。区域间溢出包括国际商品贸易进出口、外商直接投资、人口流动、信息技术交流与合作等。有研究发现，本国研发资本存量的提高是研发溢出促进本国生产率提高的主要途径。国际区域研究认为，区域溢出主要通过国际贸易和 FDI（Grossman and Helpman，1991）。有关外商投资对技术的影响研究发现，本土企业受来自 FDI 的溢出效应影响较小，这主要是由于本土市场保护政策导致外商直接投资缺乏向下延伸的动力（Haddad and Harrison，1993）。对 R&D 空间溢出效应、空间地理加权矩阵以指数形式衰减进行了研究，发现 R&D 水平低的地区空间溢出不超过 2%（Bode，2001）。贾菲（1988）利用知识生产函数建立空间面板模型进行研究，得出结论：高科技公司通过 R&D 溢出产生的收益比其他公司通过 R&D 获得的收益要高。分位点回归研究表明，在 3/4 的分位点处，高科技公司自有 R&D 活动报酬和其他公司的自有 R&D 报酬分别为 12% 和 4%，高科技公司的 R&D 溢出弹性和其他公司的 R&D 溢出弹性分别为 21.3% 和 -1.7%。

在国内，郑德渊和李湛（2002）基于产业层面和宏观层面对 R&D 溢出的研究发现，技术贸易、外商直接投资、跨国公司以及研发人员流动都对 R&D 溢出产生影响。吴玉鸣（2006）将空间计量引入 R&D 溢出研究，基于地理范围讨论了 R&D 活动的空间溢出，将空间误差模型和空间滞后模型引入研究，得出结论：企业研发对创新能力有显著贡献，大学研发对区域创新贡献不显著。苏方林（2006）运用空间面板对中国省域的 R&D 溢出效应做了研究，结果表明，R&D 产出存在显著的空间相关性，这种相关性随距离增加而减弱。吕忠伟，李俊浩（2008）针对东部、中部、西部 R&D 溢出的全要素生产率变化进行了研究，发现 R&D 溢出对经济增长存在区域差异。此后，黄萍（2008），吕忠伟（2008）等相继将空间计量经济学方法引入 R&D 溢出研究。

五、文献评述

通过文献梳理发现，目前大部分学者对 R&D 资本化的研究主要集中在 2008 年 SNA 将 R&D 资本化后对我国的启示及带来的问题、我国 R&D 资本存量的测算以及 R&D 资本化带来的理论影响，对 R&D 资本化核算的研究仅限于国家层面，未涉及分行业、分地区、分执行部门的细化研究。首先，需要对 R&D 资产类型进一步细分，我国 R&D 资本化基于分地区层面的测算仍较少。其次，各省份 R&D 资本对经济增长指标测算方面的综合研究文献较少。再次，国内外均认为 R&D 资本化与经济增长为正向关系，较多文献通过回归等模型衡量了二者的关系，少数文献考虑了某一行业 R&D 资本化对经济发展的影响差异，但是没有从分地区的角度研究 R&D 资本化及溢出与经济增长之间的关系。

第三章
R&D 资本化核算理论

第一节 R&D 活动的内涵及特征分析

一、R&D 定义及内涵

（一） R&D 活动的定义

关于 R&D 活动，不同的机构、文献分别对其进行了定义，我们将其归纳如表 3 – 1 所示。

表 3 – 1　　　　　　　　　　　　R&D 概念演变

来源	术语表达	定义
《中国统计年鉴》（2015）	研究与试验发展	指在科技领域，为了增加知识总量，以及运用这些知识去创造新的应用进行的系统性、创造性活动
联合国与经济发展组织（UNESCO）	研究与试验发展	在技术领域中，从事研发活动的目的是为增加知识的总量（包括人类、文化和社会方面的知识），同时运用这些知识去创造新的应用而进行的具有系统的、创造性的工作
经济合作发展组织（OECD, 2015）	研究与试验发展	为增进知识的总量，包括人类、文化和社会方面的知识，以及运用这些知识去创造新的应用而进行的系统的、创造性的工作
经济合作发展组织（OECD, 2010）	研究与试验发展	在系统研究的基础上从事创造性的工作，以达到增加知识总量的目的（其中包括有关人文和社会知识的总量）以及利用这些知识发明新的用途

续表

来源	术语表达	定义
国民账户体系（SNA，2008）	研究与（试验）开发	一项有计划、有步骤的创造性活动，其目的在于增加知识存量，并利用这些知识存量发现或开发新产品，包括改进现有产品的版本和质量，或是发现和开发新的或更有效的生产工艺；这里将 R&D 单独设为一个基层单位，而不是一项辅助性活动
国民账户体系（SNA，1993）	研究和开发	市场生产者从事研究和开发活动是为了发现或推出新产品，以及发现或开发新的或更有效率的生产工艺活动

从上述定义中，我们可以总结出 R&D 活动的五个共同特征：新颖性、创造性、不确定性、系统性、可再生性（可转让性）。其中，新颖性、创造性、不确定性、系统性是判别 R&D 活动的条件；可再生性（可转让性）是 R&D 活动产生的最终结果。

（二）R&D 活动的特征

1. 新颖性

开展 R&D 活动的目的主要是为了探寻新知识。例如，科研机构和高等院校为探寻新知识而开展的研究项目，企业部门开展的旨在开发新产品和新工艺的研究活动等，这类活动均属于 R&D 活动的范畴。有些活动，例如企业通过模仿、复制或者反向工程而获得知识的活动本质上并没有创造出新知识，因此不属于 R&D 活动。

2. 创造性

R&D 活动是为了创造出新概念和新观点，从而推动现有知识的发展，因此类似于工艺或产品的日常更改不属于 R&D 活动。所有 R&D 项目都需要研究者的努力，因此人力投入从本质上来看已经具有 R&D 活动的创造性属性。另外，一些常规项目本身不属于 R&D 活动，但是一些活动是为了完成这些常规项目而开发的新方法，产生了原创性的结果并且满足 R&D 活动的其他标准，则可以认为这些活动属于 R&D 活动。

3. 不确定性

R&D 活动是为了探寻新知识、新理论，这其中就会包含很多的不确定性。新的知识无法提前预料，因此 R&D 项目在开始阶段对于最终结果和费用是否符合预期目的是不确定的，甚至对于项目能否取得进展也是不确定的，即存在失败的 R&D 活动的可能性，这一点目前已经成为公认的事实。

4. 系统性

R&D 项目从开始筹划到最终完成是一项具有系统性特性的活动，需要进行提前规划和预算，通常都会按照提前规划好的方案进行，并记录具体实施的过程以及项目最后的结果，而不是毫无章法地开展活动。每一项 R&D 项目都会有活动的目的和资金来源，因此通过识别这些内容可以完成对 R&D 系统性特征的识别。

5. 可再生性（可转让性）

R&D 活动所创造出的成果应该具有能被转移使用的可能性，这样其他研究者在自己的 R&D 项目中可以再生出同样的结果。R&D 活动的可再生性保证了创造出的新知识能够被应用，失败的 R&D 活动也同样具有这样的特性。R&D 活动无法保持静止状态，通常其变化思路保存在研究者的脑海里，如果不对这些知识进行记录，就会面临丢失的风险。企业部门的 R&D 成果一般以知识产权或者商业机密的形式保存起来。

（三）R&D 活动与非 R&D 活动的识别

基于 R&D 活动调查的目的，必须将 R&D 活动与非 R&D 活动区分开来。非 R&D 活动一般包括教育与培训、其他相关科学活动、其他产业活动、管理和其他辅助活动。

1. R&D 活动与教育培训的边界问题

2015 年《弗拉斯卡蒂手册》规定：大学、高等和中等以上专科教育机构在自然科学、工程、医药、农业、社会科学与人文科学等领域所从事的所有教育和人员培训活动都应当从 R&D 活动中排除；在大学博士层面上进行的研究应尽可能地纳入 R&D 统计。然而，实践中存在着边界划分的难题。

2. R&D 活动与其他相关科学活动的边界问题

区分 R&D 活动与其他相关科学活动之所以困难，是由于多种活动往往是在同一机构里进行的。在调查实践中，可采用经验法则来判断和帮助确定活动中的 R&D 比例（见表 3 - 2）。

3. R&D 活动与其他产业活动的边界问题

其他产业活动被定义为除了 R&D 以外的所有科学、技术、商业与金融活动，这些活动是实现新的或改进的产品或服务，以及新的或改良工艺商业化应用所必需的。具体包括技术获取（显性技术和隐性技术）、工装准备或工业工程、其他工业设计，以及其他资本并购、生产启动、新产品和改进产品的营销。

表 3 – 2   **R&D 活动与非 R&D 活动的边界问题处理方式**

项目	处理方式	备注
原型	计入 R&D	主要目的是为了进一步的改进
中试工厂	计入 R&D	主要目的是 R&D
工业设计与制图	区别对待	包括 R&D 所需要的设计，不包括为生产工艺而进行的设计
工业工程和工装准备	区别对待	包括 "反馈" R&D 及与新产品、新工艺的开发相关的工装准备和工业工程，不包括为生产工艺而进行的工作
试生产	区别对待	包括为全规模测试及随后的设计改进和工程化进行的生产，不包括其他任何相关的活动
售后服务和故障排除	不属于 R&D	"反馈" R&D 除外
专利与许可证工作	不属于 R&D	除与 R&D 项目直接有关的专利工作以外，所有与专利和许可证相关的管理和法律工作都不属于 R&D
常规测试	不属于 R&D	即使由 R&D 人员进行的常规测试也不属于 R&D
数据收集	不属于 R&D	作为 R&D 必不可少的组成部分的数据收集除外
公共检验控制、标准与规章的执行	不属于 R&D	

4. R&D 活动与管理和其他辅助活动的边界问题

管理和其他辅助活动包含很多自身不是 R&D，但对 R&D 提供辅助条件的活动。例如，政府部门、研究机构、基金会、慈善机构所进行的 R&D 资金的筹集、管理、分配，不属于 R&D 活动；R&D 人员包括真正从事 R&D 活动的人员，但不包括间接支持 R&D 活动的人员；不是专门为 R&D 而进行的管理和事务性工作，如机构的财务部门和人事部门的活动，属于间接的辅助性活动。

在 R&D 统计实践中，人员数据应只包含 R&D 人员本身，然而经费数据则应该包含 R&D 的全部成本，包括间接辅助活动所产生的成本。

二、R&D 活动的分类

（一）按活动类型分类

R&D 活动按活动类型分为基础研究、应用研究、试验发展三种（见表 3 – 3）。

表 3 – 3   R&D 三种活动类型的比较

R&D 活动的类型	基础研究	应用研究	试验发展
目的	追寻真理，增长知识	以工程为目的，探索新知识应用的可能性	将研究成果应用在生产上
内容	探索新事物内在关联、分析新理论的作用及意义	讨论基础研究应用的可能性，追寻最优系统的新工艺、新发明	将基础研究、应用研究的研究成果应用于产品设计及生产
性质	探索发现新事物、新规律	发明新事物	完成新产品的创造，并使其产品化、实用化
成果	论文	论文或专利	专利、图纸、设计书、样品等

1. 基础研究

基础研究（basic research）是一种实验性与理论性的研究，其目的是为了获得有关某一现象和可观察事实的基本原理的新知识。基础研究没有任何专门或特定的应用或使用且没有特定的营利性。

2. 应用研究

应用研究（applied research）是为了获取新知识而进行的具有创造性的活动，具有目标性。其目的是明确基础研究所获成果的用途或为达到某一目标，寻找应该采取的新方法或新途径；其产品是认识世界、改造世界的科学技术知识，成果形式多为科学论文、科学专著、原理性模型或专利。应用研究的衍生知识的应用可被视为知识产权工具（包括机密）加以保护。

3. 试验发展

试验发展（experiment development）是以科学研究（包括基础研究、应用研究）、实际经验所获得的现有知识为基础，为生产出新的产品、材料和装置，建立新的工艺、新的系统和新的服务，并且对上述各项内容做出新的实质性改进，而进行的系统性的工作。

（二）按机构部门分类

R&D 活动有不同的执行部门，为了便于收集数据、统计各执行机构对 R&D 的经费投入，对 R&D 数据进行分析与解释，需要对执行部门进行分类，具体分类如表 3 – 4 所示。

表 3 - 4 R&D 经费按执行部门划分

分类体系	国内	《弗拉斯卡蒂手册》	2008 年 SNA
部门类型	工业企业	企业部门	非金融机构
	研究机构	私人非营利部门	金融公司部门
	高等院校	政府部门	一般政府部门
	其他部门	高等教育部门	住户部门
		国外部门	非营利部门

以下对《弗拉斯卡蒂手册》的部门分类进行介绍。

1. 企业部门

企业部门是指可以为市场提供服务或者生产产品，并且以一定的价格出售给其他公司、机构以及为其他企业部门提供服务的私人营利机构。企业部门主要以私人企业为主，还包括一些主要服务于企业部门但与其他机构部门相关的单位。在对企业部门进行核算时，一般按照该项活动对经济增加值的贡献程度又或者是其创造出的总产值来进行判断。

2. 私人非营利部门

私人非营利部门主要是指一些并不以营利为目的而开展的公益性的专业协会、消费者协会、学术协会以及慈善机构等。该部门在 R&D 活动中的意义并不是很大。其经费来源主要依靠其他机构的捐赠等。

3. 政府部门

政府部门一般是指制定国家政策及进行宏观调控的从中央到政府的所有部门、机构及团体。它不仅可以向其他非营利性非市场性的机构部门进行资助，还可以为大众提供高等教育之外的公共福利。

4. 高等教育部门

高等教育部门是指所有大学、技术学院以及其他实施中学以上教育的机构部门，还包括由其直接管理或控制的研究室、医院以及实验室。OECD 对这一部门的分类与我国科技统计部门的划分是一致的。

5. 国外部门

国外部门主要是指不在一个国家主权范围内的一切机构或个人。考虑到该部门主要是为其他部门提供资金或是成为它们对外支出的接纳方，所以无需对该部门进行细分。

三、R&D 统计与 R&D 核算的差异

R&D 统计调查与国民经济核算（2008 年 SNA）中有关 R&D 的核算在处理方法上既有相似的方面，也有一些区别。R&D 核算所利用的基础资料主要来源于 R&D 支出统计调查，各国现行的 R&D 支出统计调查都是依据《弗拉斯卡蒂手册》确定的。但是，2008 年 SNA 与《弗拉斯卡蒂手册》在一些问题上是有区别的。首先，两者关于研发产品的测度方法不同。2008 年 SNA 规定，购买的 R&D 产品利用市场价格来估价，自产自用的 R&D 产品通常利用总成本（包括生产中使用的固定资产成本）来估计，而《弗拉斯卡蒂手册》利用经费支出测度 R&D 产品。总成本与经费支出的主要区别在于固定资产的账务处理方式不同，计入总成本的是已发生的固定资产支出。其次，《弗拉斯卡蒂手册》区分了研发的实施单位和资助单位，而 2008 年 SNA 则区分了研发产品的生产者和使用者。研发的实施单位通常也是研发产品的生产者，而研发的资助单位不一定总是国民经济核算中研发产品的使用者。此外，两种体系在处理固定资产方面存在着细小差别：《弗拉斯卡蒂手册》中建筑物包含了土地价值，而 2008 年 SNA 中的建筑物原则上不包含土地价值（见表 3 - 5）。

表 3 - 5 　　　　统计调查与国民经济核算有关 **R&D** 处理方法的差异

方法	R&D 统计（《弗拉斯卡蒂手册》）	R&D 核算 （2008 年 SNA）
产品测度	利用 R&D 经费支出来测度	（1）购买研发产品利用市场价格估价 （2）自产自用的 R&D 产品利用总成本法估价
单位划分	区分 R&D 活动的实施单位及资助单位	区分 R&D 活动的生产者及使用者
固定资产处理	建筑物包括了土地价值	建筑物原则上不包括土地价值

资料来源：许宪春，郑学工．改革研发支出核算方法更好地反映创新驱动作用［J］．国家行政学院学报，2016（5）：4 - 12.

第二节 R&D 资本化核算的范围

一、R&D 资本化引起资产范围扩展

固定资本形成总额，指常住单位在一定时期内购置、转入或自产自用的固定资产扣除固定资产销售和转出的价值加上存货的增加额，分为有形固定资本形成总额和无形固定资本形成总额。R&D 资本形成总额即研究与试验发展过程中生产者获得的固定资产减去处置的 R&D 固定资产加上 R&D 存货的净变动。R&D 资本化就是将原来作为中间投入的部分纳入 GDP 核算，此即为 R&D 固定资本形成。

在 1993 年 SNA 中对 R&D 活动的界定是：从事 R&D 活动的目的是为了提高生产效率。1993 年 SNA 明确将 R&D 资本的产出以"专利"的形式表现，在国民账户体系中显示为无形资产。伴随着日新月异的科技创新，R&D 资本的重要性日渐明确，其资本的属性越发明显，故 2008 年 SNA 将资产边界扩大，把 R&D 资本作为"固定资本形成"纳入 GDP，放入国民经济核算账户中；把 R&D 资本作为固定资产科目下的"知识产权产品"项，引进到资产负债表。

二、R&D 资本化对溢出效应的处理[①]

R&D 资产的一个重要特征就是：它可以为除经济所有者之外的其他单位带来利益，并且无须支付费用。当 R&D 蕴含的知识被所有者通过非交易的方式为他人所用，知识一旦外泄，其他单位也可从 R&D 中受益，这时溢出效应便产生了。

溢出效应本质上涉及 R&D 的社会收益问题，R&D 会很快传播到其竞争对手中，甚至国外。即便后续跟进的公司控制了市场，我们也不能忽略第一个企业的 R&D，正是在它提供了大量社会收益的基础上，才使得跟进公司获得了大部分的私人收益。

---

① 朱发仓主译. 知识产权产品资本测度手册［M］. 北京：科学技术文献出版社，2015.

在综合了各方的意见后，SNA 最后支持将政府和非营利性机构的 R&D 资本化，但是同时认为企业仅获得 R&D 收益的一部分（另一部分是溢出）是很普遍的，因此，仅仅将这部分记录为资本，溢出不属于任何资产。

三、几种特殊情况的 R&D

《知识产权产品资本测度手册》对一些特殊情况进行了讨论，除此之外，还有三种特殊情况会在识别时造成困难，分别是：（1）维护和修理；（2）使用许可证和复制许可证；（3）知识产权产品中包含的或者生产过程中使用到的其他知识产权产品资本。

1. 维护和修理

知识产权产品资本不会出现磨损或其他形式的物理退化，但是由于种种原因，它们可以被改进或扩展。原则上，任何改善资产性能或者延长资产服务寿命的改进或扩展都应记录为固定资本形成。因此，对原有知识产权产品资产所进行的大量的、有计划的改善应记录为固定资本形成，而次要的、无计划的改进记录为中间消耗更恰当，但是难点在于实践中很难识别这些扩展。

2. 使用许可证和复制许可证

在专利权既可以转让所有权也可以转让部分使用权的环境下，与知识产权相关的交易越来越频繁，而且转让的类型和方式也很复杂，比如可以分为独家许可、独占许可和普通许可，可以是地域性转让，也可以是某一段时间转让。其他产品，例如计算机软件，有两种使用形式：第一种是原件或"原版拷贝"；第二种是把原件制成复制品，再将复制品提供给其他单位。复制品可以直接出售，或者由其他单位通过许可而获取复制品。

2008 年 SNA 认为如果一件被直接出售的复制品能够满足条件：它被用于生产的时期会超过一年，就可将其视作固定资产。对那些需要使用许可才可获得的复制品，如果它们也能满足条件：它被用于生产的时期会超过一年，且许可证持有者承担了与所有权相关的一切风险和报酬，那么也可将其视作固定资产。

3. 知识产权产品中包含的或者生产过程中使用到的其他知识产权产品资本

确定是否应记录为固定资本形成总额或中间消耗的原则有三条：第一，预计在一年或一年以内消耗尽的产品应记录为中间消耗；第二，如果产品被包含在另一个特定的知识产权产品中作为其一部分，应记为中间消耗；第三，如果预期在生产中重复、持续的使用期限在一年以上，则记录为获得的一项固定资产。

总体而言，无论是购买的知识产权产品，还是生产供自己使用的知识产权产品，如果它们预计将为所有者带来经济利益，那么它们的所有支出都应记录为固定资本形成总额。

四、基础研究的处理

基础研究是一种实验性或理论性的工作，主要是为了获得关于现象和可观察事实的基本原理的新知识，它不以任何特定的应用或使用为目的。基础研究还可以分为定向基础研究和纯基础研究。纯基础研究（pure basic research）的目的是为了推进知识的发展，不考虑长期的经济利益或社会效益，也不是为了将成果应用于实际问题或把成果转移到专门进行应用的部门。定向基础研究（oriented basic research）是为了能创造和积累广泛的知识基础，用以解决已知的或者预期的当前、未来可能出现的问题。从基础研究的目标角度来看，基础研究不具备资本化的前提条件。

但许多大集团公司依然还资助或者开展基础研究性的研发项目，这是因为仅仅依靠应用研究和试验发展，技术进步会局限于已有的技术，进步的速度也会大大降低。资助或者开展基础研究的机构短期内很难有明显的经济利益，但是长期来看某些基础研究能够带来巨大利益。《知识产权产品资本测度手册》建议"所有 R&D 产出都应当处理成资本，不论其类型"，即基础研究也应看作成本。

就各省的实际情况来看，由于 R&D 统计中并没有基础研究、应用研究和试验发展的分类数据，而基础研究一般由高等院校进行，按照执行部门分类，将高等院校的研究核算为资本。

第三节 R&D 资本化核算方法

2008 年 SNA 规定：资产是一种价值储备，代表经济所有者在一定时期内通过持有或使用某实体所产生的一次性或连续性经济利益。它是价值从一个核算期向另一个核算期结转的载体。该定义对 R&D 资产价值的测量具有重要的意义。

首先，R&D 资产价值是由经济所有者带来的经济利益决定的，也就是说，为任何其他单位带来的利益都不能包括在该资产的价值中。

其次，该定义所指对象为经济所有者，而非法律所有者。虽然一般情况二者是一致的，但是 R&D 资产的法律所有者可以通过发布许可，转移经济所有权。

最后，资产是把价值从一个核算期结转到另一个核算期的载体。这里可以解释为 R&D 资产预期能产生超过 1 年的利益。

一、R&D 价格指数的构造

R&D 价格指数对于测算 R&D 资产价值、R&D 资本存量等非常重要。但是就目前市场而言，由于缺乏可观测的市场价格，各个国家都没有编制出 R&D 价格指数，所以我们需要构造出合适的 R&D 价格指数。本书借鉴魏和清 (2012)[①]、朱发仓（2014）[②] 提出的方法来构造 R&D 资产各项指标的价格指数。

（一）R&D 人员劳务费价格指数

R&D 人员劳务费价格指数用来反映 R&D 活动人员报酬的变化。《弗拉斯卡蒂手册》认为，"从事 R&D 活动的人员数应按照 R&D 活动的 1 个全时工作当量来统计"。因此，本书以 R&D 活动内部支出中的劳务费项与 R&D 人员全时当量相除，获得每单位 R&D 人员全时当量的劳务费，然后通过相邻两期的相对值之比构造出 R&D 人员劳务费价格指数。

$$P_1 = \frac{I_{R\&D}(t)/R(t)}{I_{R\&D}(t-1)/R(t-1)} \qquad (3-1)$$

其中，P_1 为 R&D 人员劳务费指数；$I_{R\&D}(t)$ 为 R&D 内部支出中的劳务费；$R(t)$ 是 R&D 内部支出中的 R&D 人员全时当量。

（二）R&D 其他日常支出价格指数

《中国科技统计年鉴》中 R&D 内部支出中其他日常支出项主要包括为展开 R&D 活动项目而真正消耗的原材料、辅助材料等支出。从其构成分析，原

---

① 魏和清. SNA2008 关于 R&D 核算变革带来的影响及面临的问题［J］. 统计研究，2012（11）：21 – 25.

② 朱发仓. 工业 R&D 价格指数估计研究［J］. 商业经济与管理，2014（1）：87 – 97.

材料与燃料占主要部分。考虑到 R&D 活动所使用的原材料种类与新产品规模化生产所用种类基本保持一致，因此本书借助《中国统计年鉴》中工业生产者购进价格指数，用该指数下的原材料、燃料、动力购进价格指数代表 R&D 其他日常支出价格指数，即为 P_2。

（三）R&D 资本性支出价格指数

《中国科技统计年鉴》中 R&D 资产性支出包括土地建筑物、仪器设备两部分。考虑到固定资产投资价格指数可以反映 R&D 活动中资本性支出变化概念，因此本书借助《中国统计年鉴》中固定资产投资价格指数替代 R&D 经费中资产性支出价格指数，即为 P_3。

我们以 R&D 人员劳务费、R&D 其他日常支出、R&D 资本性支出占 R&D 日常支出的份额 λ_i 作为权重，加权合成 R&D 价格指数：

$$P = \sum \lambda_i P_i \qquad (3-2)$$

为了避免物价变动对 R&D 资本存量测算带来的影响，我们通过 R&D 价格指数，来对数据进行不变价处理。

二、当期 R&D 产出核算

从 R&D 支出到 R&D 产出，首先要将研发活动定义为提供研发产品的生产活动，进而据此进行数据转换。转换包含两个步骤：第一步是从研发支出到研发活动投入；第二步是从研发活动投入到体现使用（购买）特征的研发总产出。

R&D 投入与 R&D 支出的最大区别在于，其内涵的记录原则是权责发生制。据此，经常性支出可以直接作为总投入的组成部分，但资本性支出（当期购置固定资产花费的开支）则要替换为固定资产折旧（代表当期研发活动过程中消耗的固定资产价值），二者合起来形成研发活动的总生产成本。除此之外，还要基于与国民经济核算其他核算原则的兼容性，进行其他调整，包括软件研发费用扣除、土地价值扣除等。

一般而言，投入不等于产出，其差异理论上说是估价差异（一个是成本，一个是售价），从构成上看则主要在于前者不包括营业盈余。就研发活动而言，其相当部分是以非市场化形式发生的，比如政府资助下的研发活动、企业为自身服务的研发活动，本身不存在市场价格从而没有营业盈余；接受企业委托的具有市场性质的研发，其产出会以销售收入、合同收入、佣金收入、服务费方式显示其市场价格，这些实际上都已经包含在研发支出统计之中。因此，尽管有文献讨论如何虚拟估算生产税和营业盈余，但当前各国官方统计操作均对此做简化处理，直接以总投入作为研发总产出，不再做估价调整。

R&D 活动的总产出采用总成本法计算。R&D 活动的总成本主要包括中间投入成本、劳动力成本和固定资产成本三部分。

$$R\&D \text{ 产出} = \text{中间投入成本} + \text{劳动力成本} + \text{固定资产成本}$$
$$= \text{日常支出} + \text{固定资产折旧}$$
$$= \text{日常支出} + \text{固定资本存量} \times \text{折旧率} \tag{3-3}$$

日常支出来源于我国研发统计调查资料，但要扣除已经记入 GDP 的软件研发部分。固定资产折旧采用几何折旧法计算，固定资本存量按永续盘存法计算。

三、基于供需平衡的 R&D 固定资本形成总额估计

R&D 产出不会全部转化为资产，而是要经过进出口的调整和中间消耗；从产品去向上看，会用于中间消耗、最终消费、固定资本形成、存货变动和出口。欧盟和美国都假定 R&D 生产孕育期不存在存货变动，R&D 产出不形成最终消费，只是将政府和非营利机构的 R&D 固定资本消耗视为最终消费，因此 R&D 产出对于中间消耗的处理是关键。

根据总供给等于总使用原则，可基于供需平衡得到 R&D 固定资本形成总额估计方法。

（一） R&D 供给及其构成

一段时期内 R&D 资本总供给由 R&D 国内生产和进口组成[1]，即：

$$R\&D_t^{Supply} = R\&D_t^{output} + R\&D_t^{import} \tag{3-4}$$

其中，$R\&D_t^{Supply}$、$R\&D_t^{output}$、$R\&D_t^{import}$ 分别表示 R&D 供给、R&D 国内生产和 R&D 进口。

---

[1]　理论上还包括满足资本条件的 R&D 使用许可和 R&D 复制许可，由于缺乏数据，本书暂不考虑此项。

（二）R&D 使用（需求）及其构成

R&D 产品的使用包括最终消费、中间消耗、出口、固定资本形成和存货变化。对于 R&D 资本的使用来讲，最终消费主要是指住户的 R&D 资本最终消费，但是使用量很少，也缺乏统计数据，国际惯例一般忽略此项。OECD 建议：因为当前缺乏 R&D 资本核算基本资料，故忽略 R&D 资本中间消耗。本书认为 R&D 实施过程中就增加了社会知识存量，不存在存货变化。这样 R&D 资本使用（需求）可表达为：

$$R\&D_t^{use} = R\&D_t^{GFCF} + R\&D_t^{export} \qquad (3-5)$$

其中，$R\&D_t^{use}$、$R\&D_t^{GFCF}$、$R\&D_t^{export}$ 分别表示 R&D 使用、R&D 资本形成、R&D 出口。

根据供需平衡 $R\&D_t^{Supply} = R\&D_t^{use}$，就可以得到 R&D 资本形成，即：

$$R\&D_t^{GFCF} = R\&D_t^{output} + R\&D_t^{import} - R\&D_t^{export} \qquad (3-6)$$

其中，$R\&D_t^{GFCF}$ 为 R&D 固定资本形成、$R\&D_t^{import}$ 为 R&D 进口、$R\&D_t^{export}$ 为 R&D 出口。本书对于 R&D 资本的进口、出口的处理方式借鉴了国家外汇管理局颁布的《中国国际收支平衡表》中的知识产权使用费，它是指以"许可费""特许费"等形式记录的无形非生产资产、专有权等知识产权相关服务的费用。表中的借方为进口，贷方为出口，将其中的计量单位通过中美汇率折算为人民币。

第四节 R&D 资本与经济增长关系研究理论

一、R&D 资本存量核算

目前我国政府公开的数据资料中没有关于 R&D 资本存量的数据，而 R&D 资本存量是衡量 R&D 资本化对经济增长影响的重要数据，因此本书将对 R&D 资本存量的测算展开研究。

（一）R&D 资本存量的测度方法

测算 R&D 资本存量的方法与一般测算资本存量的方法相同，采用永续盘存法。永续盘存法的实质是将过去不同时期的资本流通过价格指数进行调整，将不同时期的现价折算为不变价，并加总形成资本存量。戈德史密斯认为，本期 R&D 资本存量与上一期的 R&D 资本存量和本期的 R&D 资本投资额有关。基于永续盘存法的 R&D 资本存量计算公式为：

$$K_t = (1 - \delta)K_{t-1} + \sum_{i=1}^{n} \mu_i I_{t-k} \qquad (3-7)$$

其中，t 为时间，K_t 为第 t 期的 R&D 存量，I_{t-k} 是 R&D 经费投入，δ 为 R&D 资本的折旧率，μ_i 为 R&D 支出流量形成 R&D 资本存量的比例，R&D 资本存量由上期存量扣除折旧后的净额和滞后效应两部分组成。R&D 活动的周期一般较长，存在滞后效应。R&D 支出之后逐渐累积成 R&D 资本存量，由于 R&D 支出的滞后期限难以确定，一般设定平均滞后期限，并假定：

$$\mu_\theta = \begin{cases} 1, & i = \theta \\ 0, & i \neq \theta \end{cases} \qquad (3-8)$$

假定 R&D 支出一次性全部形成资本存量，则：

$$K_t = (1 - \delta)K_{t-1} + \sum_{i=1}^{n} \mu_\theta I_{t-k} \qquad (3-9)$$

通常设 $\mu_\theta = 1$，其中，K_t 表示第 t 年的资本存量，K_{t-1} 表示第 t-1 年的资本存量，δ 是 R&D 资本的折旧率，k 是滞后期数，I_{t-k} 是 R&D 经费投入。

上式可进一步简化为：

$$K_t = (1 - \delta)K_{t-1} + \sum_{i=1}^{n} I_{t-1} \qquad (3-10)$$

（二）初始 R&D 资本存量的估计

初始资本存量的选择对后续资本存量有着重要影响，尤其是在数据资料的时间序列较短的情况下影响比较大。随着时间的延长，初始资本存量对后续年份的影响会越来越小。早些年对初始资本存量的研究主要采取经验比例的定性方法，这里主要介绍两种方法。

方法一：利用公式（3-10）计算时，首先需要确定 R&D 初始资本存量的数据。由于中国统计年鉴中并未公布该数据，要确定该数值，通常是假定 R&D 资本存量增长率与 R&D 支出的增长率相等来推算，则有：

$$\frac{K_t - K_{t-1}}{K_{t-1}} = \frac{E_t - E_{t-1}}{E_{t-1}} = g \qquad (3-11)$$

其中，t 为时间，K_t 为第 t 期的 R&D 存量，E_t 为第 t 期的 R&D 经费投入，g 为增长率。

当 t = 1 时，有：

$$K_1 = (1 + g)K_0 \tag{3-12}$$

由（3-10）式可得：

$$K_1 = (1 - \delta)K_0 + I_0 \tag{3-13}$$

进而得出：

$$K_0 = \frac{E_0}{g + \delta} \tag{3-14}$$

R&D 资本增长率的确定方法采用几何平均法，增长率为：

$$g_k = \sqrt[n]{E_t/E_0} - 1 \tag{3-15}$$

其中，E_t 为当期的 R&D 投入，E_0 为基期 R&D 投入，t 为总年数，g_k 为 k 期的增长率。

方法二：借鉴岳书敬、刘朝明（2006）和钱雪亚（2011）的做法，假设第一期（t = 0 期）的 R&D 资本存量是过去 R&D 投入的加总，投资序列可近似表示为：

$$E_t = E_0 e^{\lambda t} \tag{3-16}$$

其中，E_t 为第 t 期的 R&D 投入，E_0 为基期 R&D 投入，t 为时间。

取对数，利用 R&D 投资序列对时间回归，可以得到第一期的资本存量为：

$$K_0 = \int_{-\infty}^{0} E(t)dt = \frac{E_0 e^{\lambda}}{\lambda} \tag{3-17}$$

综上所述，方法一利用 R&D 资本存量增长率与 R&D 投入增长率相等的假设计算折旧率增长率，方法二采用回归的方法确定初始存量，由于采用不同的方法测算，对初始存量的确定存在差异。

（三）R&D 资本折旧率的选择

R&D 资本化后，需要计提折旧，因为 R&D 资本中的"知识"会随着时间的推移而过时甚至失效，导致对经济的贡献下降。所以，同其他固定资产的折旧率计算方式类似，R&D 资产的折旧率与 R&D 资产的使用年限以及折旧的模式紧密相关。

OECD（2010）、欧盟统计局（2014）的研究显示，R&D 资产的预期使用寿命为 10 年，而我国官方目前还未公布 R&D 资产的预期使用寿命。借鉴我国相关法律条例①——无形资产的摊销年限不可低于 10 年，所以本书暂认为我国 R&D 资产的平均使用寿命为 10 年。

OECD（2010）提出采用几何模型来确定 R&D 资产的折旧率，这是由于 R&D 资产作为知识产权产品在投资使用的前几年下降较快。但是，在具体测算时，学者们所采用的折旧率不尽相同。在格里利切斯、里希滕贝格（1984）提出将 R&D 资产的折旧率设定为 15% 后，目前大多数学者也都采用这一折旧率。

本书借鉴江永宏、孙凤娥（2016）② 的做法，假定 R&D 资产是以几何折旧的方式进行递减。

$$d_t = (1 - \delta)^t \quad t = 0, \ 1, \ 2, \ \cdots, \ L \qquad (3-18)$$

其中，d_t 是指 R&D 资产的相对效率，t 为时期，L 为 R&D 资产的使用寿命。在前文确定 R&D 资产平均使用寿命为 10 年的前提下，将资产残值率设定为 10%，可以确定 R&D 资产的折旧率为 20.6%。

考虑到目前我国科技发展水平不及发达国家，R&D 资产的使用寿命相对较短，所以 R&D 资产的折旧率也就相对高一些。本书设定的 R&D 资产的折旧率为 20.6%。

二、生产函数模型的设定

经济增长反映的是一国或地区潜在 GDP 或者国民总产出的增加，更是一国宏观经济中衡量国家经济状况的重要参考性指标。

以亚当·斯密和大卫·李嘉图为主要代表的古典经济增长理论学派，认为投资和积累是促进经济增长的动力，明确了促进经济增长的因素为劳动力、物质资本的积累以及技术进步。后来，索罗、斯旺奠定了新古典经济增长理论的基础，该理论提出劳动力、社会储蓄以不变的速度增加，以及规模报酬不变的理论假设，并将技术因素引入生产函数。该理论并未将劳动增长、技术进步的内在机制解释清楚，仅将它们认定为外生变量。自 20 世纪 80 年代开始，学者们通过假定规模报酬递增、技术进步内生化来分析经济增长的原因，于是内生经济增长理论便诞生了。内生经济增长模型假设技术进步是内生变量，要素之

---

① 《中华人民共和国企业所得税法实施条例》第六十七条第二款规定。

② 江永宏，孙凤娥. 中国 R&D 资本存量测算：1952 – 2014 年 ［J］. 数量经济技术经济研究，2016（7）：112 – 127.

间可以相互替代并且呈现边际效率递减的规律；并构造出总生产函数模型，将总产出、劳动以及资本内生化，模型表达式为：

$$Y = F(K，L) \tag{3-19}$$

其中，Y 表示总产出，K 表示资本，L 表示劳动。但在实证研究中，研究学者们通常运用柯布—道格拉斯（C-D）生产函数模型。该模型为：

$$Y = AK^{\alpha}L^{\beta} \tag{3-20}$$

在 C-D 生产函数模型中，$\alpha + \beta = 1$。在研究经济增长中劳动力、资本与总产出的关系时，一般会将技术进步隐含在资本和劳动内。但是学者们对一些国家的经济数据进行实证研究时发现，经济增长率没有办法由劳动、资本进行全面解释。

所以在研究 R&D 资本对经济增长的影响时，本书考虑将 R&D 资本引入 C-D 生产函数。修正后的生产函数模型为：

$$Y = AK^{\alpha}L^{\beta}R^{\gamma}e^{\mu} \tag{3-21}$$

在表达式（3-21）中，Y 表示总产出，A 表示全要素生产率，K 表示物质资本，L 表示人力资本，R 表示 R&D 资本，e^{μ} 表示随机误差，α、β、γ 表示弹性系数，本书假设 $\alpha + \beta + \gamma = 1$。

为了消除变量之间的共线性，重新建立模型为：

$$Y/L = A(K/L)^{\alpha}(R/L)^{\beta}e^{\mu} \tag{3-22}$$

对模型等式两边分别取对数，得到：

$$\ln \frac{Y}{L} = \ln A + \alpha \ln \frac{K}{L} + \beta \ln \frac{R}{L} + \mu \tag{3-23}$$

该表达式可用来研究 R&D 资本对 GDP 的影响。

第四章
R&D 资本化对国民经济核算体系的影响

本章借鉴朱发仓（2016）、王孟欣（2016）的相关研究，讨论各执行部门 R&D 资本化对国民经济核算体系中国内生产总值表、投入产出表、资金流量表、资产负债表，以及国民经济核算账户①中的生产账户、资本账户以及资产负债账户产生的影响。

第一节 R&D 资本化对 GDP 核算的影响机理

GDP 核算方法包括支出法、收入法、生产法。本书在估计出 R&D 固定资本形成之后，分别基于这三个核算方法，系统梳理不同执行部门 R&D 资本化核算对 GDP 核算以及相关变量的影响（见表 4-1）。

一、支出法

从支出法角度看，GDP 包括一个国家（或地区）所有常住单位在一定时间内的最终消费、资本形成总额及净出口。

$$GDP = 最终消费 + 资本形成总额 + 净出口$$
$$= （居民消费 + 政府消费）+ 资本形成总额 + 净出口$$

1. 居民消费

R&D 资本化后，不会引起居民消费的变化。

2. 政府消费

对于一般政府部门而言，R&D 资本化之前，R&D 投资被视为政府消费；

---

① 《国民经济核算账户体系2008》（SNA2008）。

表 4-1　　　　　　　不同 R&D 资本化核算方法对 GDP 影响比较

核算方法	变量	最终变化
生产法	总产出	增加
	中间消耗	减少
	GDP	增加
收入法	劳动者报酬	不变
	固定资产折旧	增加
	生产税净额	不变
	营业盈余	增加
	GDP	增加
支出法	最终消费	减少
	居民消费	不变
	政府消费	减少
	资本形成总额	增加
	净出口	不变
	GDP	增加

注：表 4-1 是对最终变化情况的汇总，我国的 R&D 核算中包含在 R&D 支出的部分，包括企业的 R&D 资产价值和非企业的 R&D 资产折旧，市场生产者和非市场生产者在自给性和出售方面的变化是不同的。

R&D 资本化以后，R&D 投资由政府消费转为投资，影响着 GDP 的结构构成。

3. 资本形成总额

对于企业部门而言，无论是企业自产自用的 R&D 产品还是企业购买的 R&D 产品，原来归为"中间投入"，R&D 资本化后，R&D 固定资产投资增加，使得投资增加。

对于一般政府部门而言，其自产自用的 R&D 产品与购买的 R&D 产品，在 R&D 资本化前作为支出记入政府消费里；R&D 资本化后，作为"知识产权产品"的一部分记入固定资本形成，使得投资增加。

4. 净出口

R&D 资本化不影响净出口的变化。

二、收入法

从收入法的角度分析，R&D 资本化的结果是通过增加值各个构成项的核算，将其影响最终传递给增加值。

GDP = 劳动者报酬 + 固定资产折旧 + 生产税净额 + 营业盈余

1. 劳动者报酬

对于劳动者报酬，R&D 资本化后并没有发生变化，因为计算方法的改变并不会给劳动者带来新的收入。

2. 固定资产折旧

对于固定资产折旧项，生产中除了原有的固定资产之外，新增了 R&D 固定资产，这部分也需要计提折旧，所以固定资产折旧增加。

3. 生产税净额

对于生产税净额，R&D 资本化后并不会改变，因为计算方法改变不会导致支付更多的税收。

4. 营业盈余

对于企业部门，无论是自产自用的 R&D 产品还是购买的 R&D 产品，由于生产环节的费用减少，营业盈余会增加，最终使得 GDP 增加。

三、生产法

从生产法的角度，GDP 核算涉及总产出、中间投入的核算。

1. 总产出

R&D 资本化后，通过"总成本法"计算 R&D 产出，使得国民经济账户中总产出增加。

2. 中间投入

R&D 资本化对于企业部门而言，如果是企业自产自用的 R&D 产品，其中间投入没有发生变化；如果是企业购买的 R&D 产品，其中间投入减少。

R&D 资本化对于一般政府部门而言，如果是自产自用的 R&D 产品，其中间投入没有发生变化；如果是购买的 R&D 产品，其中间投入减少。

第二节 企业部门 R&D 资本化对国民经济核算体系的影响

一、企业部门 R&D 资本化对基本核算表的影响

（一）企业 R&D 资本化对国内生产总值核算的影响

R&D 资本化对我国国内生产总值核算的总体结构没有产生影响，而是对生产法、收入法、支出法核算 GDP 及其组成部分产生影响（见表 4 - 2）。

表 4 - 2　　　　　　　　企业 R&D 资本化对国内生产总值核算的影响

生产	R&D 资本化的影响	使用	R&D 资本化的影响
一、生产法国内生产总值	增加	一、支出法国内生产总值	增加
（一）总产出	增加	（一）最终消费	
（二）中间投入（－）	减少	居民消费	
二、收入法国内生产总值	增加	农村居民消费	
（一）劳动者报酬		城镇居民消费	
（二）生产税净额		政府消费	
生产税		（二）资本形成总额	增加
生产税补贴（－）		固定资本形成总额	增加
（三）固定资产折旧	增加	存货增加	
（四）营业盈余	增加	（三）净出口	
		出口	
		进口（－）	
		二、统计误差	

从表 4 - 2 可以发现，从生产法的角度分析，企业部门 R&D 资本化导致中间消耗减少，从而导致 GDP 增加；从收入法的角度分析，企业 R&D 资本化后，由于 R&D 作为资本，势必要进行固定资产折旧，企业营业盈余增加，这也会导致 GDP 增加；从支出法的角度分析，企业 R&D 资本化后，投资增加，

导致固定资本形成总额增加，进而影响 GDP 数值的增加。

（二）企业 R&D 资本化对投入产出表的影响

企业 R&D 资本化将对国民经济核算账户产生连锁影响，会使支出法下 GDP 增加、固定资本形成增加、最终消费占比降低、固定资产折旧增加。R&D 资本化对上述指标产生的影响，可以利用投入产出表来解释（见表 4 – 3）。

表 4 – 3　　　　　　　　　企业 R&D 资本化对投入产出表的影响

		中间使用			最终使用								进口	总产出
							资本形成总额							
					居民消费	政府消费	固定资本形成总额		存货	出口	合计			
		第一产业	第二产业	第三产业			非 R&D 资本	R&D 资本						
中间投入	第一产业	减少					增加				增加			增加
	第二产业													
	第三产业													
	合计													
最初投入	劳动者报酬													
	固定资产折旧	增加												
	生产税净额													
	营业盈余	增加												
	增加值	增加												

从投入产出表的横向角度分析，1993 年 SNA 中对企业归为横向部门的产品，作为中间投入来生产纵向部门产品，但 2008 年 SNA 中，横向部门的产品被认可为固定资本形成，因此中间使用减少、固定资本形成增加、生产增加值会比 1993 年 SNA 中测算的多。从投入产出表的纵向角度分析，1993 年 SNA 中产品部门的 R&D 活动被认为是中间投入，但是 2008 年 SNA 中，这些投资转化为了固定资本形成，通过计提折旧的方式加入增加值中。

（三）企业 R&D 资本化对资产负债表的影响

资产负债表是以经济存量为核算对象，对一国经济总体所拥有的资产、负债进行核算。从资产负债表（见表 4 - 4）可了解到，企业 R&D 资本化处理后，会在多个核算期发生作用，有一定的滞后性，所以 R&D 资本也是逐期消耗，主要涉及的部分就是非金融资产中的固定资产部分，R&D 资本化会导致相应部门固定资产增加。

表 4 - 4 　　　　　　企业 R&D 资本化对资产负债表的影响

项目	非金融企业部门		金融机构部门		政府部门		住户部门		国内部门		国外部门		总计	
	使用	来源	使用	来源	使用	来源	使用	来源	使用	来源	使用	来源	使用	来源
一、非金融资产	增加		增加						增加					
（一）固定资产	增加		增加						增加					
其中：在建工程														
（二）存货														
其中：产成品和商品库存														
（三）其他非金融资产														
其中：无形资产														
二、金融资产与负债														
（一）国内金融资产与负债														
（二）国外金融资产与负债														
（三）储备资产														
三、资产负债差额（资产净值）														
四、资产、负债与差额总计														

二、企业 R&D 资本化对我国国民经济账户的影响

从理论角度上讲，国民经济核算账户体系中所记录的数据可以用于测度一国经济结构及增长的效果。但是，目前我国国民经济核算账户将一些本应该是最终使用的投资或消费归类为中间消耗，尤其是没有考虑到 R&D 资本，从而导致投资减少、国民储蓄及国民财富比实际要少。随着科技的不断进步，在国民经济核算账户体系中，R&D 活动应该予以资本化处理。

（一）企业 R&D 资本化对生产账户产生的影响

生产账户作为国民经济综合账户体系的第一项，可以明确反映出生产活动中的投入产出情况。如表 4 - 5 所示，企业 R&D 资本化对生产账户的结构是没有影响的，根据 R&D 支出的性质不同进行不同处理。对于明确可以带来经济收益的 R&D 活动，将形成积累，并在生产账户的填制上计入总产出；对于明确不会带来经济效益的 R&D 活动，仍将计入中间消耗。

表 4 - 5　　　　　　　　企业 R&D 资本化对生产账户的影响

使用	R&D 资本化的影响	来源	R&D 资本化的影响
一、增加值	增加	总产出	增加
劳动者报酬			
固定资产折旧	增加		
营业盈余	增加		
生产税净额			
二、中间消耗	减少		
合计		合计	

（二）企业 R&D 资本化对资本账户产生的影响

资本账户是以储蓄为起点，记录资本转移以及各种非金融资产投资。企业 R&D 资本化后，会对资本账户的结构产生影响。如表 4 - 6 所示，资本形成总额会产生变化，其明细中会增加知识产权产品的 R&D。

表 4 - 6　　　　　　　　企业 R&D 资本化对资本账户的影响

使用	R&D 资本化的影响	来源	R&D 资本化的影响
一、资本形成总额	增加	一、总储蓄	
二、其他非金融资产获得减处置		二、资本转移收入净额	
三、资金余缺			
合计		合计	

（三）企业 R&D 资本化对资产负债账户产生的影响

资产负债账户作为一系列账户的最终登录账户，将流量与存量结合起来，通过一定时期内流量的汇总形成期末的存量。R&D 资本化之后，主要涉及非金融资产中的固定资产，表现为固定资产增加（见表 4 – 7）。

表 4 – 7　　　　　　　　R&D 资本化对资产负债账户的影响

使用	R&D 资本化的影响	来源	R&D 资本化的影响
一、非金融资产	增加	一、国内金融负债	
固定资产	增加	二、国外金融负债	
存货		三、资产负债金额	
其他非金融资产			
二、金融资产	增加		
国内金融资产			
国外金融资产			
三、储备资产			
合计		合计	

第三节 一般政府部门 R&D 资本化对国民经济核算体系的影响

一、一般政府部门 R&D 资本化对我国基本核算表的影响

一般政府部门 R&D 资本化后，R&D 投资由原来计入政府消费转换为投资，这种转变势必会对基本核算表的结构产生影响。

（一）一般政府部门 R&D 资本化对国内生产总值核算表的影响

R&D 资本化对我国国内生产总值核算表的总体结构没有产生影响，而是对采用生产法、收入法、支出法核算 GDP 及其组成部分产生影响。由表 4 – 8 可以看出，从生产法的角度分析，一般政府部门 R&D 资本化导致中间消耗减

少，从而导致 GDP 增加；从收入法的角度分析，一般政府部门 R&D 资本化后，由于 R&D 作为资本，势必要进行固定资产折旧，这也会导致 GDP 增加；从支出法的角度分析，一般政府部门 R&D 资本化后，政府消费减少，投资增加，固定资本形成总额增加，进而导致 GDP 增加。

表 4 – 8　　　　一般政府部门 **R&D** 资本化对国内生产总值核算表的影响

生产	R&D 资本化的影响	使用	R&D 资本化的影响
一、生产法国内生产总值	增加	一、支出法国内生产总值	增加
（一）总产出	增加	（一）最终消费	
（二）中间投入（－）	减少	居民消费	
二、收入法国内生产总值	增加	农村居民消费	
（一）劳动者报酬		城镇居民消费	
（二）生产税净额		政府消费	减少
生产税		（二）资本形成总额	增加
生产税补贴（－）		固定资本形成总额	增加
（三）固定资产折旧	增加	存货增加	
（四）营业盈余		（三）净出口	
		出口	
		进口（－）	
		二、统计误差	

（二）一般政府部门 **R&D** 资本化对投入产出表的影响

一般政府部门 R&D 资本化将对国民经济核算账户产生连锁影响，会使支出法下 GDP 增加、固定资本形成增加、最终消费占比降低、固定资产折旧增加。R&D 资本化对上述指标产生的影响，可以利用投入产出表来解释（见表 4－9）。从投入产出表的横向角度分析，1993 年 SNA 中对一般政府部门归为横向部门的产品，作为中间投入来生产纵向部门产品，但 2008 年 SNA 中，横向部门的产品被认可为固定资本形成，因此中间使用减少、政府消费减少，固定资本形成增加、生产增加值会比 1993 年 SNA 中测算的多。从投入产出表的纵向角度分析，1993 年 SNA 中产品部门的 R&D 活动被认可为中间使用，但是 2008 年 SNA 中，这些投资转化为了固定资本形成，通过计提折旧的方式加入增加值中。

表 4 - 9 一般政府部门 R&D 资本化对投入产出表的影响

		中间使用			最终使用								进口	总产出
		第一产业	第二产业	第三产业	居民消费	政府消费	资本形成总额			存货	出口	合计		
							固定资本形成总额							
							非 R&D 资本	R&D 资本						
中间投入	第一产业				减少			增加				增加		增加
	第二产业													
	第三产业													
	合计													
最初投入	劳动者报酬													
	固定资产折旧	增加												
	生产税净额													
	营业盈余													
	增加值	增加												

（三）一般政府部门 R&D 资本化对资产负债表的影响

资本负债表是以经济存量为核算对象，对一国经济总体所拥有的资产、负债的核算。由资产负债表（见表 4 - 10）可了解到，当一般政府部门 R&D 资本化处理后，会在多个核算期发生作用，有一定的滞后性，所以 R&D 资本也是逐期消耗，主要涉及的部分就是非金融资产中的固定资产部分，R&D 资本化会导致相应部门固定资产增加。

表 4 - 10　　　　　　　　一般政府部门 R&D 资本化对资产负债表的影响

类型	非金融企业部门		金融机构部门		政府部门		住户部门		国内部门		国外部门		总计	
	使用	来源	使用	来源	使用	来源	使用	来源	使用	来源	使用	来源	使用	来源
一、非金融资产					增加				增加					
（一）固定资产					增加				增加					
其中：在建工程														
（二）存货														
其中：产成品和商品														
库存														
（三）其他非金融资产														
其中：无形资产														
二、金融资产与负债														
（一）国内金融资产与负债														
（二）国外金融资产与负债														
（三）储备资产														
三、资产负债差额（资产净值）														
四、资产、负债与差额总计														

二、一般政府部门 R&D 资本化对我国国民经济账户的影响

（一）一般政府部门 R&D 资本化对生产账户产生的影响

生产账户作为国民经济综合账户体系的第一项，可以明确反映出生产活动中的投入产出情况。如表 4 - 11 所示，一般政府部门 R&D 资本化对生产账户的结构是没有影响的，根据 R&D 支出的性质不同进行不同处理。对于明确可以带来经济收益的 R&D 活动，将形成积累，并在生产账户的填制上计入总产出；对于明确不会带来经济效益的 R&D 活动，仍将计入中间消耗。

表 4 - 11   一般政府部门 R&D 资本化对生产账户的影响

使用	R&D 资本化的影响	来源	R&D 资本化的影响
一、增加值	增加	总产出	增加
劳动者报酬			
固定资产折旧	增加		
营业盈余			
生产税净额			
二、中间消耗	减少		
合计		合计	

(二) 一般政府部门 R&D 资本化对资本账户产生的影响

资本账户是以储蓄为起点,记录资本转移以及各种非金融资产投资。一般政府部门 R&D 资本化后,会对资本账户的结构产生影响。如表 4 - 12 所示,资本形成总额会产生变化,其明细项中会增加知识产权产品的 R&D 资本。

表 4 - 12   一般政府部门 R&D 资本化对资本账户的影响

使用	R&D 资本化的影响	来源	R&D 资本化的影响
一、资本形成总额	增加	一、总储蓄	
二、其他非金融资产获得减处置		二、资本转移收入净额	
三、资金余缺			
合计		合计	

(三) 一般政府部门 R&D 资本化对资产负债账户产生的影响

资产负债账户作为一系列账户的最终登录账户,将流量与存量结合起来,通过一定时期内流量的汇总形成期末的存量。R&D 资本化之后,如表 4 - 13 所示,主要涉及非金融资产中的固定资产,表现为固定资产增加。

表 4 - 13 　　　　　　　　　　R&D 资本化对资产负债账户的影响

使用	R&D 资本化的影响	来源	R&D 资本化的影响
一、非金融资产	增加	一、国内金融负债	
固定资产	增加	二、国外金融负债	
存货		三、资产负债金额	
其他非金融资产			
二、金融资产			
国内金融资产			
国外金融资产			
三、储备资产			
合计		合计	

第五章
各执行部门 **R&D** 资本投资测度

第一节 缺失数据及价格指数估计

　　一般常用总成本法估计各执行部门 R&D 产出及固定资本形成，也就是要估计中间消耗、雇员报酬、固定资本消耗、固定资本净收益以及其他生产税（减生产补贴）之和，幸运的是基于 R&D 内部支出可估计上述各项。我国的科技统计起步较晚，数据积累基础较差，从 2009 年开始才有 R&D 内部支出的费用构成分类数据。因此，需要估计之前年份的构成数据。

一、R&D 内部支出的估计

　　我们可以从公开数据中获取 2009～2015 年的各执行部门 R&D 内部支出数据，并以各执行部门科技活动经费内部支出占全国科技活动经费支出的比重为权重，估计 1991～1997 年的 R&D 内部支出，公式为：

$$各执行部门 R\&D 内部支出 = \frac{各执行部门科技活动经费支出}{全国科技活动经费支出} \times 全国 R\&D 内部支出$$

二、R&D 内部支出的构成估计

　　相应地，得到各执行部门 R&D 内部支出后，还需要进一步估计其构成，方法如下：

$$R\&D 资本性支出 = \frac{科技活动经费支出中固定资产构建费}{科技活动经费支出} \times 全国 R\&D 内部支出$$

日常性支出 = R&D 内部支出 – R&D 资本性支出。

$$R\&D \text{ 人员劳务费} = \frac{\text{科技活动经费支出中劳务费}}{\text{科技活动内部支出}} \times R\&D \text{ 内部支出}$$

三、R&D 固定资本消耗估计

R&D 固定资本消耗的估计是建立在测算其资本存量的基础上的。文献中基本采用永续盘存法估计资本存量。t 时期资产 a 的固定资本消耗（COFC）是：

$$COFC_{at} = k_{at} \delta_{at} \qquad (5-1)$$

其中，k_{at}、δ_{at} 是时间 t 资本 a 的净存量以及折旧率。本书借鉴江永宏（2016）的做法，R&D 资本折旧率采用几何折旧模式的余额折旧法，得到市场生产者的折旧率为 18.8%，非市场生产者的折旧率为 16.8%，大于物质固定资产的折旧率（10%）。

使用 PIM 方法计算每类资产的存量：

$$k_{at} = \sum_{\tau=0}^{\infty} (1 - \delta_{a,t-\tau})^{\tau} \cdot I_{a,t-\tau} \qquad (5-2)$$

其中，I 是对资产 a 的不变价投资。

四、R&D 资本回报与进出口的估计

澳大利亚统计局假设 R&D 生产过程中使用的资本收益率是 5%；我国学者认为，企业开展 R&D 的收益率是比较高的，因而采用 15% 的收益率。按照 SNA 的核算原则，非企业部门的资本收益为 0。

目前所公布的年鉴中并没有有关 R&D 进口、R&D 出口的数据，所以本书在 R&D 资本测算过程中，借鉴了国家外汇管理局颁布的国际收支平衡表，该表中列示了"专有权利使用费和特许费"，借方为进口，贷方为出口，以此作为 R&D 进出口数据的替换指标。

五、R&D 投入价格指数

为了衡量价格变动对 R&D 资本存量测算带来的影响，通过前文介绍的 R&D 价格指数，来对数据进行不变价处理。本书选取 1991 ~ 2015 年全国各执行部门 R&D 支出的数据，利用 R&D 成本价格指数法，将 R&D 人员劳务费价

格指数、原材料燃料及动力购进价格指数和固定资产价格指数加权，从而获得 R&D 价格指数。在确定以上三种价格指数的权重时，以 R&D 人员劳务费、其他日常支出费用以及资本性支出各自在 R&D 内部支出中占比来确定权重，将上述三个指数加权合成，就得到表 5 - 1 所示的 R&D 投入价格指数。

表 5 - 1　　　　　R&D 投入价格指数（1991 年 = 100）

年份	燃料、动力类	固定资产价格指数	R&D 人员劳务费价格指数	R&D 价格指数
1991	100.00	100.00	100.00	100.00
1992	116.40	115.30	130.21	119.63
1993	159.12	145.97	145.94	153.75
1994	187.76	161.15	147.28	173.49
1995	204.10	170.66	241.01	207.82
1996	224.91	177.48	261.38	226.28
1997	245.83	180.50	318.26	253.19
1998	243.62	180.14	379.16	266.85
1999	245.81	179.42	429.27	280.39
2000	283.66	181.39	504.66	321.74
2001	284.23	182.12	566.27	337.39
2002	284.52	182.48	646.30	357.36
2003	305.57	186.50	730.64	391.29
2004	335.21	196.94	886.34	448.94
2005	385.49	200.09	932.67	490.67
2006	431.37	203.10	1038.48	544.43
2007	449.91	211.04	1110.28	574.41
2008	542.60	229.90	1220.25	659.48
2009	484.00	224.39	1315.67	647.42
2010	562.84	232.46	1374.63	701.25
2011	623.63	247.81	1537.25	786.48
2012	629.04	250.53	1715.25	853.16
2013	607.66	251.16	1882.15	897.01
2014	590.04	252.41	2012.74	930.90
2015	523.37	247.87	2234.51	968.87

资料来源：《中国统计年鉴 2016》。

第二节 各执行部门 R&D 固定资本形成估计

一、R&D 投入规模对比分析

利用前文介绍的 R&D 投入价格指数，以 1991 年为基期计算得到 1991 ~ 2015 年全国 R&D 投入情况（见图 5 - 1）。我国 R&D 内部支出总额由 1991 年的 125. 43 亿元增加到 2015 年的 1462. 51 亿元[①]，25 年间 R&D 支出增长了 10. 66 倍（见表 5 - 2）。2010 年我国 R&D 内部支出首次突破了 1000 亿元的大关。从 R&D 投资的不断增多，可发现我国对科技创新越来越重视。如表 5 - 2 所示，企业部门作为 R&D 内部支出的主要组成部分，R&D 投入由 1991 年的 91. 85 亿元，增加到 2015 年的 1123. 10 亿元，25 年间增加了 11. 23 倍；而研究与开发机构、高等院校作为一般政府部门，R&D 投入也增加了十倍之多。

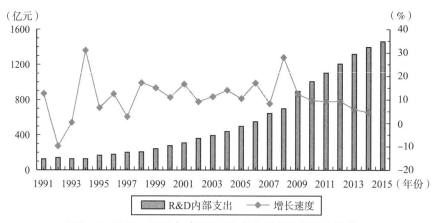

图 5 - 1　1991 ~ 2015 年我国 R&D 投入总额和增长变化情况

表 5 - 2　　　　1991 ~ 2015 年我国各执行部门 R&D 内部支出总额　　　　单位：亿元

年份	全国	企业	研究与开发机构	高等院校	其他
1991	125. 43	91. 85	21. 53	10. 12	1. 93
1992	141. 27	103. 44	24. 25	11. 40	2. 18

① 除非特别说明，下文中相关价值量数据均为 1991 年不变价。

年份	全国	企业	研究与开发机构	高等院校	其他
1993	127.48	93.35	21.88	10.29	1.96
1994	127.96	93.70	21.96	10.33	1.97
1995	167.78	122.86	28.80	13.54	2.58
1996	178.75	130.89	30.68	14.42	2.75
1997	201.10	147.25	34.52	16.23	3.10
1998	206.53	151.23	35.45	16.67	3.18
1999	242.13	177.30	41.56	19.54	3.73
2000	278.38	203.85	47.79	22.46	4.29
2001	308.99	226.26	53.04	24.93	4.76
2002	360.31	263.84	61.85	29.07	5.55
2003	393.48	288.13	67.54	31.75	6.06
2004	437.99	320.72	75.18	35.34	6.75
2005	499.32	365.63	85.71	40.29	7.69
2006	551.60	403.91	94.68	44.51	8.50
2007	645.91	472.97	110.87	52.12	9.95
2008	699.94	512.53	120.15	56.48	10.78
2009	896.19	656.23	153.83	72.31	13.81
2010	1007.14	739.46	169.18	85.18	13.32
2011	1104.55	836.56	166.15	87.59	14.26
2012	1207.10	919.20	181.55	91.49	14.85
2013	1320.68	1011.79	198.59	95.51	14.79
2014	1398.17	1080.74	206.92	96.48	14.04
2015	1462.51	1123.10	220.51	103.07	15.84

注：数据根据《中国科技统计年鉴 1991～2016》基础数据计算所得。

二、各执行部门 R&D 产出的估计

我们利用总成本法测算得到各执行部门 R&D 的产出，如表 5-3 所示，并绘制图 5-2。从表 5-3 可知，执行部门中份额较多的企业部门，1991 年的 R&D 产出为 132.59 亿元，而 2015 年已经达到 1961.04 亿元，增加了 13.8 倍。

企业部门 R&D 资本化规模越来越大，足以证明 R&D 资本化实施的必要性。从图 5 - 2 可知，2000 年之前，我国 R&D 产出增长较为缓慢，2000 ~ 2015 年，R&D 产出增长明显，这与我国不断重视科技创新的战略是分不开的。

表 5 - 3 　　　　　　　　各执行部门 R&D 产出的测算结果 　　　　　　　单位：亿元

年份	企业	研究与开发机构	高等院校	其他	全国
1991	132.59	21.34	9.84	1.90	165.65
1992	138.44	23.43	11.01	2.04	174.91
1993	125.90	21.67	9.98	1.97	159.52
1994	123.93	21.83	10.01	2.07	157.84
1995	145.56	26.92	12.83	2.33	187.64
1996	151.59	28.71	13.66	2.49	196.44
1997	166.31	32.30	15.44	2.73	216.79
1998	173.94	34.58	16.54	2.80	227.86
1999	202.38	40.86	19.73	3.23	266.21
2000	230.04	47.10	22.68	3.71	303.52
2001	261.56	54.25	26.12	4.17	346.10
2002	312.77	65.44	31.67	4.91	414.79
2003	349.66	73.90	35.52	5.49	464.56
2004	403.46	85.95	41.22	6.27	536.90
2005	451.92	97.01	45.92	7.17	602.02
2006	506.94	109.81	51.35	8.10	676.21
2007	600.06	130.40	60.89	9.58	800.93
2008	650.04	142.59	65.35	10.60	868.59
2009	858.76	187.26	87.64	13.56	1147.22
2010	952.12	206.27	100.33	13.76	1272.47
2011	1102.29	220.11	107.45	15.19	1445.03
2012	1286.72	252.44	121.29	17.25	1677.70
2013	1498.77	292.18	137.74	18.35	1947.03
2014	1690.30	322.66	149.23	18.80	2180.99
2015	1961.04	390.68	178.97	22.48	2553.17

资料来源：作者计算所得。

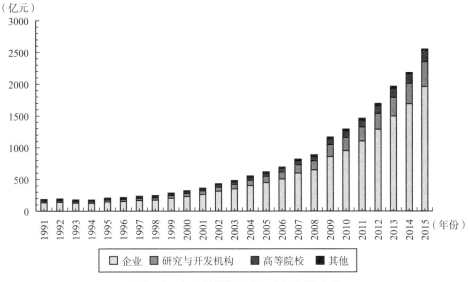

图 5-2 各执行部门 R&D 产出增长趋势

资料来源：作者绘制。

三、R&D 固定资本形成的估计

各执行部门的 R&D 资本化规模测算结果如表 5-4 所示。执行部门中份额较多的企业部门，1991 年的 R&D 固定资本形成为 138.48 亿元，而 2015 年已经达到 2671.94 亿元，增加了 18.3 倍，年均增长速度为 80%。企业部门 R&D 资本化规模越来越大，企业部门 R&D 固定资本形成纳入 GDP 核算，足以证明 R&D 资本化实施的必要性。另外，R&D 资本化后，研究与开发机构及高等院校的 R&D 固定资本形成速度也较快，两部门的 R&D 固定资本形成在 1991～2015 年间分别增长了 22.34 倍、22.28 倍。

表 5-4　　　　　　　　R&D 资本化规模测算结果　　　　　　　　单位：亿元

年份	固定资本形成			
	企业	研究与开发机构	高等院校	其他
1991	138.48	22.72	10.49	2.02
1992	142.86	24.46	11.50	2.13
1993	135.94	24.03	11.09	2.18
1994	134.25	24.25	11.14	2.29

年份	固定资本形成			
	企业	研究与开发机构	高等院校	其他
1995	164.00	31.24	14.86	2.72
1996	164.60	31.76	15.09	2.76
1997	192.17	38.36	18.29	3.28
1998	194.00	39.28	18.75	3.22
1999	244.41	50.72	24.37	4.12
2000	304.74	64.61	30.91	5.28
2001	369.06	79.45	37.96	6.43
2002	492.04	107.46	51.42	8.68
2003	549.93	120.84	57.59	9.70
2004	638.59	141.07	67.13	11.22
2005	720.08	159.87	75.47	12.81
2006	821.13	183.46	85.98	14.71
2007	945.74	211.43	98.98	16.85
2008	1019.61	229.23	106.08	18.38
2009	1282.00	286.47	134.28	22.46
2010	1419.32	313.16	154.14	22.17
2011	1599.57	318.87	159.52	23.66
2012	1843.18	362.35	176.68	26.24
2013	2151.79	420.35	199.38	27.89
2014	2419.17	462.21	214.30	28.27
2015	2671.94	530.26	244.21	32.51

第三节 各执行部门 R&D 资本对经济结构的影响

把 R&D 活动作为一种投资而不是一种费用来计算 GDP 及其国民经济账户，会引起相应指标的值发生变化。表 5-5 列示了支出法下企业部门 R&D 资本化对 GDP 的影响。R&D 资本化后，投资增加，企业部门的固定资本形成总额增加，引起 GDP 增加。由于目前企业 R&D 并不在国内生产总值核算范围内，R&D 支出被作为中间投入购买在生产过程中使用。

表 5-5   R&D 资本化对 GDP 的影响

执行部门	目前 GDP	GDP 调整方法	GDP 变化
企业	中间投入	投资	增加
研究与开发机构	政府消费	投资	不变
高等院校	政府消费	投资	不变
其他	中间投入	投资	增加

  研究与开发机构和高等院校的资金来源主要是政府财政支出，并且它们的 R&D 活动具有公共产品性质，一般不以营利为目的，所以研究与开发机构和高等院校统一归为一般政府部门。从支出法的角度来讲，对于一般政府部门而言，R&D 支出将被重新分类，从政府消费转为投资。因为消费和投资都是 GDP 的组成部分，因此这种转变并不会引起国内生产总值的变化。但是一般政府部门的 R&D 支出由消费转变为投资将会引起 GDP 结构的改变，如最终消费与固定资本形成在 GDP 中所占的比重改变等。

  另外，我国一些学者在讨论一般政府部门 R&D 资本化纳入 GDP 核算的研究中，考虑了 R&D 资本化后产生的投资收益，这部分收益是虚拟估算的结果。[1] 而当前各国官方发布的 R&D 资本化对 GDP 的调整中，一般没有包含这部分内容。所以本书鉴于一般政府部门 R&D 投资的非市场性，没有将一般政府部门产生的投资收益添加到 GDP 新增部分中。

一、R&D 资本化对 GDP 数值的影响分析

  根据以上有关 R&D 固定资本形成的理论与测算结果，本书利用历年《中国统计年鉴》中 GDP 核算的相关数据，对 1991～2015 年我国 GDP 进行调整，发现 R&D 资本化对 GDP 及其结构都将产生较大影响。表 5-6 显示，企业部门 R&D 资本化，使 GDP 的数值明显提升，R&D 资本可纳入 GDP 的部分逐年增加。R&D 资本化对 GDP 数值的影响越来越大，并持续推动 GDP 的增长。

---

[1] 高敏雪. 研发资本化与 GDP 核算调整的整体认识与建议 [J]. 统计研究, 2017 (4): 3-14.

表 5 - 6 R&D 资本化对 GDP 的影响

年份	GDP 调整前		R&D 中可纳入 GDP 的部分（亿元）	GDP 调整后（实际 GDP）（亿元）	GDP 增长率		
	名义 GDP（亿元）	实际 GDP（1991 年为基期）（亿元）			调整前 GDP 增长率（%）	调整后 GDP 增长率（%）	GDP 增长率变化值（%）
1991	22005.60	22005.60	138.48	22131.03	—	—	—
1992	27194.50	25130.40	142.86	25271.66	14.20	14.19	-0.01
1993	35673.20	28623.52	135.94	28751.00	13.90	13.77	-0.13
1994	48637.50	32344.58	134.25	32472.54	13.00	12.94	-0.06
1995	61339.90	35902.48	164.00	36070.26	11.00	11.08	0.08
1996	71813.60	39456.83	164.60	39635.58	9.90	9.88	-0.02
1997	79715.00	43086.86	192.17	43287.95	9.20	9.21	0.01
1998	85195.50	46447.63	194.00	46654.16	7.80	7.78	-0.02
1999	90564.40	50024.10	244.41	50266.22	7.70	7.74	0.04
2000	100280.10	54276.15	304.74	54554.53	8.50	8.53	0.03
2001	110863.10	58781.07	369.06	59090.06	8.30	8.31	0.01
2002	121717.40	64130.14	492.04	64490.45	9.10	9.14	0.14
2003	137422.00	70543.16	549.93	70936.64	10.00	10.00	0.00
2004	161840.20	77668.02	638.59	78106.00	10.10	10.11	0.01
2005	187318.90	86522.17	720.08	87021.49	11.40	11.41	0.01
2006	219438.50	97510.48	821.13	98062.09	12.70	12.69	-0.01
2007	270232.30	111356.97	945.74	112002.89	14.20	14.22	0.02
2008	319515.50	122158.60	1019.61	122858.54	9.70	9.69	-0.01
2009	349081.40	133641.51	1282.00	134537.69	9.40	9.51	0.11
2010	413030.30	147807.51	1419.32	148814.65	10.60	10.61	0.01
2011	489300.60	161849.22	1599.57	162953.77	9.50	9.50	0.00
2012	540367.40	174635.31	1843.18	175842.41	7.90	7.91	0.01
2013	595244.40	188256.86	2151.79	189577.54	7.80	7.81	0.01
2014	643974.00	201999.62	2419.17	203397.79	7.30	7.30	0.00
2015	685505.80	215937.59	2671.94	217400.10	6.90	6.88	-0.02

同时，R&D 资本化后，GDP 增长率也提高了。为保持我国 GDP 的快速增长，必须深入剖析促进其增长的各项因素，深入剖析 R&D 资本化对 GDP 增长率的影响。进入 21 世纪以后，伴随我国经济由原来的计划经济向市场经济转变，我国加入 WTO，与国际社会合作日渐频繁。在这样的经济背景下，R&D 资本化对 GDP 增长率的促进作用尤为明显，说明这一时期我国各执行部门 R&D 资本呈现快速积累的状态，因此 GDP 的增长率有明显提高。这些结论也证明我国目前的 GDP 是被低估的。

二、支出法下 R&D 资本化对 GDP 结构的影响分析

R&D 资本化处理后，企业部门的 R&D 支出额由中间消耗改为投资①，固定资本形成增加。研究与开发机构部门和高等院校部门的 R&D 支出由政府消费转为投资，最终消费减少，资本形成总额增加，所以各执行部门 R&D 资本化后对 GDP 结构产生一定影响。

为了比较 R&D 资本化前后最终消费率、投资率的差异，也为了保证数据的准确性，尽可能地减少使用估算出的数据，本书选择将 R&D 支出中可纳入 GDP 的部分重新转换为当年价格。本书从《中国统计年鉴》获取到支出法下国内生产总值中最终消费、资本形成总额的数据。通过对比分析 R&D 资本化对其带来的影响，进一步讨论 R&D 资本化对 GDP 结构产生的影响。

从表 5 - 7 可知，GDP 中最终消费所占的比重一直在小幅下降，资本额形成总额在上升，2010～2013 年最终消费有了缓慢回升，这与经济环境密切相关。2008 年全球金融危机爆发，世界各国的投资率都开始下降，政府开始调整经济发展策略，采取消费手段来促进经济的增长，所以从 2010 年起，最终消费率开始增加。由于 R&D 的资本化，固定资本形成增加，进而拉动经济的发展。近年来，我国对 R&D 活动的支持力度在逐年提升，R&D 投资在经济发展中的位置也越来越重要。

---

① 注：在国民账户中 R&D 资本化记为固定资本形成，在一般应用场合，常设置为投资，本书中暂将两者同等处理。

表 5 – 7　　　　　　　　**R&D 资本化前后 GDP 结构的变化**　　　　　单位：%

年份	消费率		投资率	
	资本化前	资本化后	资本化前	资本化后
1991	61.87	61.24	35.87	36.52
1992	59.66	59.06	39.84	40.44
1993	58.30	57.75	44.24	44.77
1994	58.13	57.68	40.95	41.40
1995	59.01	58.51	39.69	40.19
1996	60.00	59.52	38.37	38.87
1997	59.60	59.06	36.34	36.91
1998	60.40	59.86	35.68	36.26
1999	62.52	61.89	34.97	35.63
2000	63.49	62.73	34.43	35.22
2001	61.83	61.04	36.42	37.23
2002	60.85	59.97	37.08	37.99
2003	57.86	56.97	40.63	41.54
2004	55.05	54.14	42.89	43.84
2005	54.16	53.21	41.39	42.41
2006	52.28	51.33	40.93	42.01
2007	50.41	49.51	41.46	42.51
2008	49.28	48.36	43.27	44.33
2009	49.48	48.47	46.44	47.53
2010	48.18	47.17	47.61	48.71
2011	49.26	48.17	47.69	48.84
2012	50.17	48.98	47.23	48.49
2013	50.46	49.20	47.39	48.70
2014	50.98	49.67	47.01	48.37
2015	52.45	51.07	45.67	47.10

三、R&D 强度变化①

R&D 强度被用于衡量一个国家或地区、甚至一个企业对科技创新活动的投资力度，是评价一个国家或地区经济增长方式的指标，是国际社会上普遍使用的科技指标。R&D 强度的表达式为：

$$R\&D \text{ 强度} = \frac{R\&D \text{ 支出}}{GDP} \times 100\% \qquad (5-3)$$

（一）资本化后 R&D 强度的国际比较

根据 OECD 的标准，企业 R&D 强度超过 4%，表示企业创新能力强；企业的 R&D 强度为 1% ~ 4%，表示企业创新能力中等；企业的 R&D 强度小于 1%，表示企业的创新能力低。我们将中国 R&D 资本化后的 R&D 强度与国际上已经实施 R&D 支出核算方法改革的国家进行对比分析。图 5-3 显示，R&D 强度最高的国家为以色列，R&D 强度达到将近 4%，说明创新能力较强，而我国 R&D 强度在这些 OECD 成员国中处于中等水平，创新能力处于平均水平。

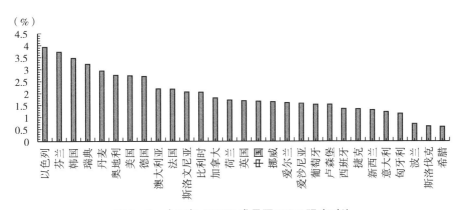

图 5-3 中国与 OECD 成员国 R&D 强度对比

注：澳大利亚为 2007 年数据，丹麦为 2008 年数据，挪威为 2011 年数据。

（二）R&D 资本化对我国 R&D 强度影响

我国 R&D 资本化前后 R&D 强度变化如表 5-8 所示。

---

① 来自《中国统计年鉴》指标解释。

表 5-8　　　　　　　　　　　R&D 强度变化　　　　　　　　　　单位：%

年份	R&D 资本化前	R&D 资本化后	年份	R&D 资本化前	R&D 资本化后
1991	0.57	0.56	2004	0.96	0.95
1992	0.59	0.58	2005	1.05	1.04
1993	0.46	0.45	2006	1.11	1.10
1994	0.39	0.38	2007	1.21	1.20
1995	0.45	0.44	2008	1.22	1.20
1996	0.45	0.44	2009	1.56	1.54
1997	0.49	0.47	2010	1.64	1.61
1998	0.51	0.50	2011	1.66	1.63
1999	0.61	0.60	2012	1.77	1.74
2000	0.68	0.66	2013	1.90	1.86
2001	0.74	0.74	2014	1.99	1.95
2002	0.86	0.85	2015	2.09	2.05
2003	0.92	0.91			

横向比较来看，R&D 资本化后，R&D 强度降低，如 2015 年，按不变价来说，R&D 强度由资本化前的 2.09% 下降到资本化后的 2.05%，降低了 0.04 个百分点。这是由于我国 R&D 资本化，导致 GDP 总量增加，所以 R&D 强度降低。

纵向比较来看，我国 R&D 强度整体上一直都在不断增加，且呈现逐年增长，这说明我国对 R&D 活动的重视，产品的科技含量以及科技附加值也在不断提高，对于我国经济转型和发展具有重大意义。

从我国 R&D 强度的发展变化来看，2005 年之前，我国的 R&D 强度在 1% 以下，技术发展还处于对技术引进与应用的阶段，自主创新能力较低。2005 年至今，R&D 强度增长速度明显提高，产业结构亦有很大的调整和优化，但是距离发达国家的水平有较大的差距，自主创新能力有待提升。

四、各执行部门 R&D 资本化对 GDP 的贡献率和拉动度

在经济分析中，我们通常利用"贡献率"和"拉动度"这两个概念来反映投资、消费和出口对经济的影响。

图 5 - 4 与图 5 - 5 列示了企业部门与一般政府部门对经济的贡献率与拉动度。从中可以看出，1992～2015 年，企业部门与一般政府部门 R&D 资本化对 GDP 增长的贡献率一直处于波动状态，但整体呈现上升趋势。经过测算，企业部门 R&D 资本化平均贡献率为 2.96%，一般政府部门 R&D 资本化对 GDP

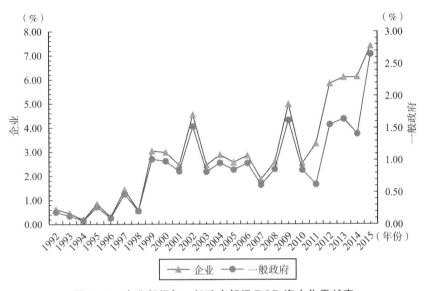

图 5 - 4　企业部门与一般政府部门 R&D 资本化贡献率

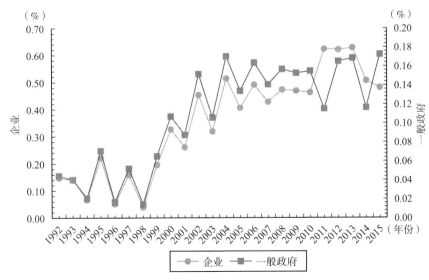

图 5 - 5　企业部门与一般政府部门 R&D 资本化拉动度

的平均贡献率为 0.91% , 这说明企业部门对经济的贡献率大于一般政府部门。另外, 企业部门 R&D 资本化对 GDP 增长的拉动度平均为 0.36% , 一般政府部门 R&D 资本化对 GDP 增长的拉动度为 0.11% 。

第四节 各执行部门 R&D 资本存量及影响

本节通过永续盘存法对各执行部门 R&D 资本存量进行核算。考虑到时间序列越长, 计算结果就越精确, 本书选取 1991 ~ 2015 年的数据来测算全国各执行部门 R&D 资本存量的相关数据。

一、各执行部门 R&D 资本存量的测算结果

根据永续盘存法, 测算 1991 ~ 2015 年各执行部门的 R&D 资本存量, 计算结果如表 5 - 9 所示。

表 5 - 9　　　　各执行部门 R&D 资本存量的估算结果　　　单位: 亿元

年份	全国	企业	研究与开发机构	高等院校	其他
1991	211.29	131.40	59.38	11.86	8.64
1992	360.55	254.55	74.94	21.58	9.48
1993	479.70	352.30	87.73	29.43	10.24
1994	579.68	433.71	98.82	36.16	10.99
1995	705.54	532.65	115.23	45.60	12.06
1996	813.93	617.36	129.71	53.85	13.01
1997	943.94	716.92	148.61	64.07	14.34
1998	1057.59	803.38	165.60	73.21	15.40
1999	1222.56	927.28	191.48	86.59	17.21
2000	1444.72	1092.94	227.37	104.51	19.91
2001	1720.92	1298.06	272.72	126.80	23.35
2002	2122.38	1595.39	339.27	159.20	28.53
2003	2542.08	1906.01	409.22	192.91	33.95
2004	3018.78	2258.70	488.91	231.10	40.07

续表

年份	全国	企业	研究与开发机构	高等院校	其他
2005	3534.19	2639.97	575.44	271.91	46.87
2006	4109.34	3065.11	672.58	317.10	54.55
2007	4765.95	3551.09	783.13	368.52	63.23
2008	5424.36	4038.04	894.89	419.32	72.12
2009	6335.92	4714.33	1047.13	490.70	83.76
2010	7294.32	5426.49	1203.22	571.24	93.37
2011	8301.78	6212.09	1341.61	645.07	103.02
2012	9464.97	7123.46	1502.72	724.98	113.81
2013	10844.64	8206.73	1697.66	815.61	124.63
2014	12341.88	9394.89	1905.22	907.57	134.20
2015	13969.51	10657.60	2149.70	1015.64	146.58

注：全国数据与各部门合计不相等是由于计算误差所致。

由表 5-9 可知，以 1991 年价格计算，企业部门 R&D 资本存量由 1991 年的 131.40 亿元，增长到 2015 年的 10657.60 亿元，25 年间增长了 80 倍。研究与开发机构部门 R&D 资本存量由 1991 年的 59.38 亿元，增长到 2015 年的 2149.7 亿元，25 年间增长了 35 倍；高等院校部门 R&D 资本存量由 1991 年的 11.86 亿元，增长到 2015 年的 1015.64 亿元，25 年间增长了 85 倍。

二、各执行部门 R&D 资本存量的变动趋势分析

在测算出各执行部门的 R&D 资本存量之后，接下来对 R&D 资本存量的变动趋势进行分析。

由图 5-6 可知，各执行部门 R&D 资本存量的变动趋势类似于"指数"型曲线，趋势走向由平稳变得陡峭，上涨的趋势相当明显。1991~2000 年我国各执行部门 R&D 资本存量增长较为平缓；2000~2015 年，各执行部门 R&D 资本存量呈现出一个高速发展的态势。经济的快速发展会影响 R&D 资本的投资，R&D 固定资本形成增加，会促进 R&D 资本存量的快速增加，所以我们可以判断 R&D 资本与经济增长可能存在某种程度的关系，本书将在后文继续讨论。

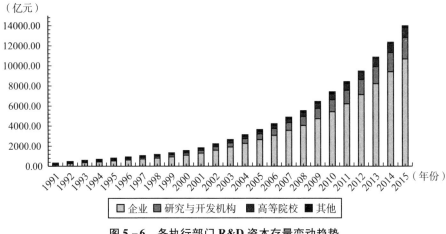

图 5 – 6　各执行部门 R&D 资本存量变动趋势

三、各执行部门 R&D 资本存量增长率分析

　　为更好地掌握 R&D 资本存量的增长情况，本书对各执行部门的 R&D 资本存量增长率进行了分析。在 R&D 资本存量的估算过程中，由于 R&D 资本初始存量采用回归模拟的估算方法得到，导致前两年的增长率为负值，可能存在一定误差。R&D 资本存量增长率变动情况如图 5 – 7 所示。

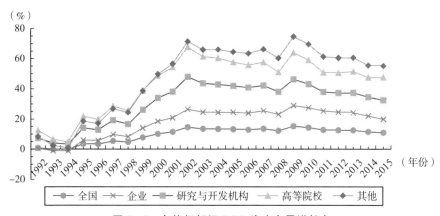

图 5 – 7　各执行部门 R&D 资本存量增长率

　　从图 5 – 7 可知，R&D 资本存量增长率整体呈现"先增后减"的状况。1993 ~ 2008 年，全国包括各执行部门的 R&D 资本存量整体上处于快速增长中，在这个阶段，R&D 活动逐渐受到重视；2000 ~ 2015 年间，各执行部门

R&D 资本存量的增长率几乎维持在 10% 以上。经过测算，2009 年各执行部门 R&D 资本存量的增长率达到最高，全国 R&D 资本存量的增长率增加了 15.66%；但是从 2009 年以来，R&D 资本存量增长率逐年下降。分析其中原因，可能是早期各执行部门 R&D 活动对基础设施、人员配备、部门建设等投资较大，到 2009 年以后，R&D 活动进入平稳期，R&D 投资额开始趋于稳定增长，因此资本存量增长率开始下降。

四、各执行部门 R&D 资本存量占比分析

（一）各执行部门 R&D 资本存量份额对比

下面对比分析不同执行部门 R&D 资本存量的发展变化及差异。

结合表 5 - 10 和图 5 - 8，我们可以发现，企业部门 R&D 资本存量一直占据主体地位。研究与开发机构、高等院校、其他部门 R&D 资本存量所占的比重相对较低。因此，R&D 活动对经济产生的影响主要是集中在企业部门。这表明随着经济的发展，企业部门作为 R&D 活动的主体，在创新研究中，发挥了很大的作用。

表 5 - 10　　　　　　　各执行部门 R&D 资本存量的占比　　　　　　　单位：%

年份	企业	研究与开发机构	高等院校	其他
1991	62.19	28.10	5.61	4.09
1992	70.60	20.79	5.98	2.63
1993	73.44	18.29	6.14	2.13
1994	74.82	17.05	6.24	1.90
1995	75.50	16.33	6.46	1.71
1996	75.85	15.94	6.62	1.60
1997	75.95	15.74	6.79	1.52
1998	75.96	15.66	6.92	1.46
1999	75.85	15.66	7.08	1.41
2000	75.65	15.74	7.23	1.38
2001	75.43	15.85	7.37	1.36
2002	75.17	15.99	7.50	1.34

年份	企业	研究与开发机构	高等院校	其他
2003	74.98	16.10	7.59	1.34
2004	74.82	16.20	7.66	1.33
2005	74.70	16.28	7.69	1.33
2006	74.59	16.37	7.72	1.33
2007	74.51	16.43	7.73	1.33
2008	74.44	16.50	7.73	1.33
2009	74.41	16.53	7.74	1.32
2010	74.39	16.50	7.83	1.28
2011	74.83	16.16	7.77	1.24
2012	75.26	15.88	7.66	1.20
2013	75.68	15.65	7.52	1.15
2014	76.12	15.44	7.35	1.09
2015	76.29	15.39	7.27	1.05

注：由于四舍五入可能导致计算误差。

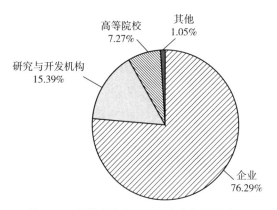

图 5-8　各执行部门 R&D 资本存量的占比

（二）R&D 资本存量与 GDP 之比分析

我国 R&D 资本存量总体上呈现增长的趋势，图 5-9 反映了各执行部门 R&D 资本存量与 GDP 之比的波动趋势。

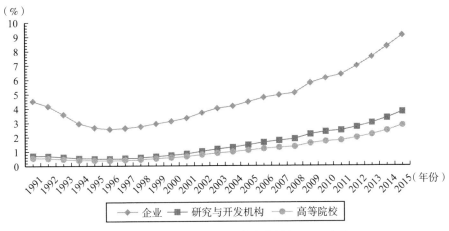

图 5 – 9　各执行部门 R&D 资本存量与 GDP 之比

从图 5 – 9 可以发现，1991～1996 年各执行部门 R&D 资本存量与 GDP 之比在波动中下降，企业部门下降较明显；1997～2015 年 R&D 资本存量与 GDP 之比又快速回升。其原因是 20 世纪 90 年代，我国劳动力价格水平比较低，根据比较优势理论，我国企业认为从事劳动密集型的经营比高风险的 R&D 活动更能有利可图；但是随着社会经济的高速发展，技术创新对企业发展的重要性日渐明显，所以各部门开始加大 R&D 投入，通过科技创新来提高自身产品的竞争力。此外，党的十七大明确提出"提高自主创新能力，建设创新型国家"的科学发展战略，党的十八大再次强调"创新驱动战略"是国家一项重大的发展战略，并鼓励和扶持企业加大 R&D 投入来提高我国经济的发展潜力与国际竞争力。因此，在 20 世纪 90 代后期，我国各执行部门 R&D 资本存量与 GDP 之比又快速上升。

五、固定资本存量的确定

国内生产总值（GDP）是衡量国家经济发展状况时普遍选取的宏观经济指标，故本书选取 GDP 作为反映经济增长的指标。同时，我们借鉴张军（2004）的做法，选用《中国统计年鉴》中的就业人员工资总额反映劳动力变化，用固定资本形成总额反映物质资本存量，用 R&D 固定资本形成反映 R&D 资本存量。

在我国，对于固定资产折旧的计提一般采用直线折旧法，由于所运用的资料不同，不同学者们选取的折旧率的大小有很大差异。本书借鉴单豪杰（2008）的研究，在设备、建筑的使用年限分别为 16 年和 38 年的假设下，估算出设备、建筑的折旧率分别为 17.08%、8.12%，并加权得到固定资本的折旧率为 10.96%。

我们利用公式（5-4）计算基期物质资本存量：

$$K_0 = \frac{I_0}{g + \delta} \qquad (5-4)$$

确定出基期物质资本存量后，再利用永续盘存法的基本公式，得到各年的固定资本存量：

$$K_t = K_{t-1}(1 - \delta) + I_t \qquad (5-5)$$

其中，K_t、I_t 分别为 t 期的资本存量和固定资本形成。在此基础上，建立柯布—道格拉斯生产函数，估计其影响。

六、基于 C-D 生产函数模型的测算结果

为消除共线性，令 $\ln\left(\frac{Y}{L}\right) = Y_1$、$\ln\left(\frac{K}{L}\right) = K_1$、$\ln\left(\frac{R}{L}\right) = R_1$，拟合线性回归结果如表 5-11 所示。

表 5-11　　　　　初始拟合结果

变量	系数	标准差	T 统计量	P 值
C	3.5687	0.4588	7.7789	0.0000
K_1	0.6696	0.0915	7.3206	0.0000
R_1	0.1046	0.0772	1.3550	0.1892
R^2	0.9933	P 值	0.0000	
F 统计量	1637.53	DW 值	0.2456	

从表 5-11 可知，该模型的拟合优度 $R^2 = 0.9933$，但是模型中变量 R_1 的 P 值为 0.1892，不能通过系数的显著性检验；另外模型的 DW 值 = 0.2456，说明模型中变量之间存在着自相关性。为消除模型的共线性，对模型进行 LM 检验，该模型存在着一阶、二阶自相关。因此，本书利用广义差分方法，对模型取二阶差分，在回归模型中引入 AR（1）、AR（2），然后再进行 LS 回归。修

正后的回归结果如表 5 - 12 所示。

表 5 - 12   修正后的回归结果

变量	系数	标准差	T 统计量	P 值
C	4.2662	0.4507	9.4648	0.0000
K_1	0.5932	0.0756	7.8478	0.0000
R_1	0.1249	0.0657	1.9012	0.0734
AR（1）	1.0917	0.2210	4.9406	0.0001
AR（2）	- 0.3189	0.1913	- 1.6672	0.1128
R^2	0.9989	P 值（F 统计量）	0.0000	
F 统计量	4288.65	DW 值	1.9207	

从表 5 - 12 可知，修正之后的模型拟合优度提高了，$R^2 = 0.9989 >$ 0.9933，而且修正之后模型的各个系数也都在 90% 的置信水平下通过了显著性检验；另外模型的 DW 值 = 1.9207，说明模型中各个变量不存在一阶相关性。最后对回归模型的残差进行平稳性检验，结果表明模型的残差不存在单位根，为白噪声序列。

经最终检验，模型估计结果为：$Y = 4.2662 + 0.5932K_1 + 0.1249R_1$，均通过各种检验。

将回归结果还原成 C - D 生产函数模型，表达式为：

$$Y = e^{4.2662} K^{0.5932} L^{(1 - 0.5932 - 0.1249)} R^{0.1249}$$

从柯布—道格拉斯生产函数表达式可见，物质资本对 GDP 的影响最大，物质资本每增长 1%，GDP 增长 0.5932%；R&D 资本对 GDP 也有很明显的影响，在物质资本和劳动力的投入不变的情况下，R&D 资本每增加 1%，GDP 就会增长 0.1249%；劳动力对 GDP 也有很明显的影响，劳动力每增加 1%，GDP 增长 0.2819%。

表 5 - 12 中模型的拟合优度 $R^2 = 0.9989$，说明生产要素投入增加有助于经济的增长。长期以来，我国经济增长方式都是依赖要素驱动。改革开放以来，我国充分发挥了资源与劳动力的优势，为过去经济的长期稳定增长提供支持。我国近些年来劳动力分工明显，资源聚集增加了专业化生产的程度，降低了生产成本，提高了生产率。

　　另外，物质资本对经济增长的贡献大于劳动力、R&D 资本对经济增长的贡献，说明目前我国经济增长的方式还是以资源密集型为主。从表 5 – 12 可知，R&D 资本的回归系数为 0. 1249，这说明 1% 的显著性水平下，R&D 资本与经济增长呈现显著正相关，随着经济转型升级，企业通过技术进步来提高生产率、扩大生产，这也足以说明我国"科教兴国"的紧迫性。

第六章
规模以上工业各行业
R&D 资本投资测度

工业是我国发展的支柱性产业，在国民经济中发挥主导作用。工业为其他各部门实施技术改造提供物质基础，是 R&D 活动密集型产业，是 R&D 活动的重要承担部门，忽略 R&D 作为资本的作用将会严重扭曲工业产值的实际情况。对工业各行业 R&D 进行资本化测算将有助于明确不同行业 R&D 固定资本形成情况，掌握工业各行业无形资产的转化能力以及 R&D 活动的成效，从而为政府和企业有针对性地对工业不同行业的 R&D 进行投入提供理论依据。

本章根据前文分析，基于《中国科技统计年鉴》和《中国统计年鉴》中公布的相关数据，估计我国规模以上工业及工业各行业 2001～2015 年 R&D 产出、R&D 固定资本形成，探索工业及工业各行业 R&D 资本化水平及发展趋势，并根据结果分析了 R&D 资本化对工业总量指标以及 GDP 数值和结构的影响。

第一节 R&D 资本化核算结果分析

本章关于缺失数据的估计方法如前文所述，价格指数的构造方法也与前文保持一致。除非特别说明，本章研究对象为规模以上工业企业。

一、R&D 产出

根据前文对 R&D 产出计算方法的阐述，基于前文构建的 R&D 价格指数，本章估计了规模以上工业企业总体和工业各行业的 R&D 产出。

（一）规模以上工业总体 R&D 产出

估计结果（如表 6 - 1 所示）表明，规模以上工业企业总体 R&D 产出（当年价格）2001 年为 417.75 亿元，2015 年为 9590.93 亿元，增长趋势如图 6 - 1 所示。

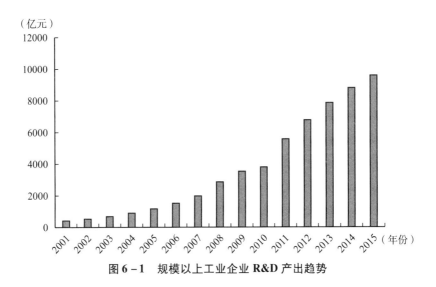

图 6 - 1　规模以上工业企业 R&D 产出趋势

从图 6 - 1 可以看出，我国 2001～2015 年工业 R&D 产出呈现递增趋势，在 2007 年以后增幅明显。这主要是因为我国在 "十五" 期间加大了 R&D 投入，大力开展科技创新，R&D 产出年平均增长 29.5%。"十一五" 期间，由于爆发世界金融危机，我国在 2008 年加大 R&D 投入，2008 年当年 R&D 产出比 2007 年增长 44.69%，达到最高值，之后国内经济进入恢复期，R&D 产出的增长速度有所下降；"十二五" 期间 R&D 产出年平均增速为 21.06%。

（二）规模以上工业各行业 R&D 产出

工业是我国国民经济的支柱性行业。为了观察工业企业总体 R&D 产出的内部特征，本章以 200 亿元为分界线，根据 2015 年各行业的 R&D 产出数值对行业进行了划分，如表 6 - 1 所示。从表 6 - 1 中可以看出，尽管工业各行业 2001～2015 年 R&D 产出总体上都呈增长趋势，但不同行业间表现出行业区别。

表 6－1　2001～2015 年规模以上工业行业 R&D 产出情况

行业	2001 年	2002 年	2003 年	2004 年	2005 年	2006 年	2007 年	2008 年	2009 年	2010 年	2011 年	2012 年	2013 年	2014 年	2015 年
规模以上工业总计	417.75	528.51	678.87	896.55	1172.71	1527.79	1979.17	2863.63	3530.51	3797.03	5577.91	6770.87	7860.21	8799.68	9590.93
煤炭采选业	10.21	12.91	16.58	21.88	28.60	37.25	48.26	69.71	86.05	102.02	137.35	164.43	191.31	214.69	234.56
石油和天然气开采业	7.21	9.12	11.73	15.50	20.29	26.44	34.26	49.68	61.17	84.84	79.12	116.98	135.55	151.39	164.55
黑色金属矿采选业	0.22	0.28	0.36	0.47	0.62	0.81	1.05	1.51	1.87	2.96	3.66	3.61	4.19	4.68	5.11
有色金属矿采选业	0.89	1.13	1.45	1.91	2.49	3.25	4.20	6.06	7.49	6.21	13.14	14.23	16.63	18.74	20.57
非金属矿采选业	0.25	0.32	0.41	0.55	0.71	0.93	1.20	1.74	2.14	2.56	6.30	4.20	4.87	5.45	5.94
食品加工业	5.76	7.29	9.36	12.35	16.15	21.04	27.25	39.38	48.60	44.33	84.38	93.29	108.43	121.57	132.73
食品制造业	4.35	5.50	7.05	9.30	12.16	15.84	20.51	29.60	36.56	36.64	57.25	69.95	81.46	91.52	100.13
饮料制造业	4.79	6.05	7.77	10.24	13.38	17.42	22.56	32.52	40.20	43.50	63.43	76.76	89.55	100.79	110.48
烟草加工业	1.40	1.77	2.28	3.00	3.93	5.12	6.63	9.57	11.82	13.08	14.32	22.64	26.33	29.54	32.27
纺织业	8.77	11.09	14.24	18.78	24.55	31.97	41.40	59.76	73.81	79.87	122.92	141.60	164.80	185.05	202.36
服装及其他纤维制品制造业	1.85	2.34	3.00	3.96	5.18	6.75	8.74	12.64	15.59	16.28	26.55	29.82	34.67	38.88	42.45
皮革毛皮羽绒及其制品业	1.10	1.39	1.79	2.36	3.09	4.03	5.22	7.56	9.31	10.02	14.44	17.82	20.68	23.13	25.19
木材加工及竹藤棕草制品业	1.13	1.42	1.83	2.41	3.15	4.11	5.32	7.68	9.49	5.40	12.38	18.21	21.18	23.76	25.96

行业	2001年	2002年	2003年	2004年	2005年	2006年	2007年	2008年	2009年	2010年	2011年	2012年	2013年	2014年	2015年
家具制造业	0.76	0.96	1.24	1.63	2.14	2.78	3.61	5.21	8.86	4.24	8.73	12.16	14.16	15.89	17.36
造纸及纸制品业	4.02	5.08	6.53	8.62	11.27	14.67	19.01	27.47	11.83	35.69	52.00	64.65	75.24	84.43	92.23
印刷业和记录媒介的复制	1.17	1.47	1.89	2.49	3.26	4.24	5.49	7.91	29.42	9.77	17.26	18.71	21.83	24.57	26.94
文教体育用品制造业	1.19	1.50	1.93	2.55	3.33	4.34	5.63	8.14	10.04	7.38	12.95	19.08	22.18	24.86	27.11
石油加工及炼焦业	4.04	5.10	6.55	8.65	11.31	14.73	19.07	27.55	34.01	40.06	55.93	65.65	76.26	85.49	93.34
化学原料及化学制品制造业	29.48	37.29	47.90	63.26	82.75	107.81	139.66	202.08	249.18	233.28	428.94	479.13	555.92	622.12	677.86
医药制造业	14.70	18.59	23.87	31.51	41.20	53.66	69.51	100.44	123.96	91.52	152.16	237.41	276.04	309.58	338.04
化学纤维制造业	3.95	5.00	6.42	8.47	11.08	14.44	18.70	27.06	33.37	65.18	100.73	63.59	73.92	82.84	90.36
橡胶制品业	4.44	5.61	7.21	9.52	12.45	16.21	21.00	30.36	37.46	45.33	55.55	72.08	83.70	93.77	102.30
塑料制品业	4.89	6.18	7.93	10.46	13.68	17.81	23.07	33.30	41.13	36.31	61.08	78.88	91.79	103.06	112.69
非金属矿物制品业	8.90	11.26	14.46	19.08	24.95	32.50	42.11	60.84	75.09	66.02	109.52	146.09	169.39	189.60	206.76
黑色金属冶炼及压延工业	34.19	43.24	55.53	73.30	95.85	124.86	161.74	233.81	288.47	346.40	453.72	550.69	640.42	718.17	784.03
有色金属冶炼及压延工业	12.56	15.89	20.40	26.92	35.21	45.86	59.40	85.83	105.93	144.30	211.06	202.92	235.93	264.59	288.92

续表

行业	2001年	2002年	2003年	2004年	2005年	2006年	2007年	2008年	2009年	2010年	2011年	2012年	2013年	2014年	2015年
金属制品业	7.24	9.16	11.76	15.53	20.31	26.46	34.28	49.56	61.14	63.93	104.19	117.48	136.43	152.82	166.67
通用机械制造业	29.98	37.92	48.71	64.31	84.11	109.57	141.94	205.28	253.20	181.43	297.03	484.16	562.59	630.39	687.64
专用设备制造业	27.92	35.33	45.39	59.97	78.46	102.23	132.43	191.77	236.34	237.04	355.77	450.97	523.53	585.84	638.05
交通运输设备制造业	54.64	69.14	88.83	117.36	153.54	200.05	259.16	375.25	462.49	474.87	642.24	887.06	1028.93	1150.83	1253.02
电气机械及器材制造业	44.16	55.86	71.75	94.74	123.91	161.42	209.10	302.45	373.02	437.70	621.99	714.84	830.23	929.90	1014.02
电子及通信设备制造业	67.91	85.96	110.49	146.07	191.16	249.13	322.77	467.98	576.25	464.14	677.17	1109.93	1284.60	1433.57	1557.33
仪器仪表及文化、办公用机械制造业	8.32	10.53	13.53	17.87	23.38	30.47	39.47	57.16	70.44	300.41	420.26	135.19	156.77	175.30	190.82
其他制造业	1.58	1.99	2.56	3.38	4.43	5.77	7.47	10.82	13.34	29.02	55.51	25.45	29.54	33.05	35.98
电力蒸汽热水的生产和供应业	3.55	4.50	5.77	7.62	9.96	12.98	16.81	24.29	29.98	23.52	36.23	57.25	66.60	74.71	81.59
煤气生产和供应业	0.09	0.11	0.14	0.19	0.24	0.32	0.41	0.60	0.19	10.89	11.25	1.46	1.68	1.87	2.02
自来水的生产和供应业	0.15	0.20	0.25	0.33	0.43	0.56	0.73	1.05	1.30	0.89	1.39	2.47	2.88	3.24	3.56

首先，R&D 产出较高的行业增长趋势明显。2015 年 R&D 产出超过 200 亿元的行业包括电子及通信设备制造业、交通运输设备制造业、电气机械及器材制造业、黑色金属冶炼及压延加工业、通用机械制造业、医药制造业、煤炭采选业等。这些行业创新活动都较强，尤其是电子及通信设备制造业 R&D 产出增长最快，2015 年达到 1557.33 亿元，这一点我们从生活中也可以有所感受。例如，21 世纪初，手机作为电子产品，价格非常高，且性能弱，而随着科技的发展，手机价格越来越便宜，性能却越来越强，这无疑是技术发展带来的，而技术发展又与大量的 R&D 投入分不开。交通运输设备制造业也是类似，技术的发展给该行业的发展带来了非常明显的变化。

其次，R&D 产出较低的行业增幅不明显。R&D 产出在 200 亿元以下的行业中，非金属矿物制品业和纺织业处于领先位置，2015 年的 R&D 产出甚至有超过 200 亿元的迹象。其他行业例如自来水的生产和供应业，电气、蒸汽、热水的生产和供应业，文教体育用品制造业等属于技术更新换代较慢的传统行业，历年的 R&D 产出值较低，且增幅不明显，维持在稳定状态。

最后，个别行业 R&D 产出增长趋势突出。由于 2008 年金融危机的影响，仪器仪表制造业经济进入低迷发展期，为了尽快恢复行业经济发展，企业加大了对 R&D 活动的投入，希望通过技术提升市场占有率，在 2010 年 R&D 产出达到 420.26 亿元，是 15 年间最高值，之后 R&D 产出开始降低，到 2012 年开始恢复原水平。仪器仪表及文化、办公用机械制造业在 2009 年加大 R&D 投入起到了明显的效果。仪器仪表及文化、办公用机械制造业属于我国技术更新换代较缓的传统制造业，却是 2008 年金融危机后恢复较快的行业之一。事实证明加大 R&D 投入是拉动经济增长的有效途径。

二、R&D 固定资本形成

（一）规模以上工业企业总体 R&D 固定资本形成

我国规模以上工业企业总体 R&D 固定资本形成（当年价格）趋势如图 6-2 所示，具体核算结果如表 6-2 所示。

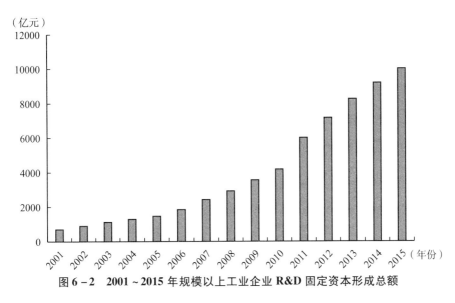

（亿元）

图 6-2　2001～2015 年规模以上工业企业 R&D 固定资本形成总额

从图 6-2 可知，2001～2015 年我国规模以上工业企业 R&D 固定资本形成大幅上涨。从表 6-2 可知，2015 年规模以上工业企业 R&D 固定资本形成达到 10010.87 亿元，从 2001 年以来增长 13.3 倍，工业企业总体 R&D 资本化水平大幅提升。

R&D 固定资本形成的增速没有 R&D 产出的增速高，主要是由于我国自身科技的发展使进口 R&D 变化不大。

（二）规模以上工业企业各行业 R&D 固定资本形成

表 6-2 列示了工业各行业 R&D 固定资本形成；表 6-3 列示了各行业在规模以上工业总体 R&D 固定资本形成中的占比。从表 6-2、表 6-3 可以发现以下两点。

（1）各行业 R&D 固定资本形成都呈现逐渐增长的态势。结合各行业 R&D 固定资本形成在工业总体中的占比，2015 年前 10 位分别是：电子及通信设备制造业（16.14%）、交通运输设备制造业（14.37%）、电气机械及器材制造业（10.31%）、黑色金属冶炼及压延加工业（8.03%）、通用机械制造业（7.1%）、化学原料及化学制品制造业（7.04%）、专用设备制造业（6.46%）、医药制造业（3.44%）、有色金属冶炼及压延加工业（2.94%）和煤炭采选业（2.6%）。占比前十位的行业其 R&D 固定资本形成在 2015 年都超过了 3200 亿元，其中以电子及通信设备制造业、交通运输设备制造业的增长最快，2015 年 R&D 固定资本形成分别达到 1615.06 亿元和 1437.99 亿元。国家重点发展的高科技行业，由

表6-2　　　　规模以上工业行业R&D固定资本形成

行业	2001年	2002年	2003年	2004年	2005年	2006年	2007年	2008年	2009年	2010年	2011年	2012年	2013年	2014年	2015年
规模以上工业总计	702.07	899.83	1122.99	1293.92	1470.56	1848.22	2431.63	2928.87	3560.59	4183.10	6008.06	7170.20	8259.02	9191.56	10010.87
煤炭采选业	13.90	17.65	20.86	27.51	32.93	44.90	57.15	78.61	95.53	110.49	154.81	171.22	198.90	219.24	260.54
石油和天然气开采业	8.63	10.49	13.72	19.49	22.18	34.41	38.90	54.32	61.97	85.01	79.92	116.98	135.55	151.39	164.55
黑色金属矿采选业	0.34	0.28	0.50	0.59	0.64	0.83	1.07	1.54	1.94	2.96	3.66	3.61	4.19	4.68	5.11
有色金属矿采选业	1.61	1.27	1.82	2.99	2.49	3.25	4.40	6.26	7.63	6.23	13.26	14.41	16.63	18.75	20.63
非金属矿采选业	0.61	0.74	1.20	0.66	1.92	0.93	1.36	1.89	2.29	2.57	6.56	4.28	4.89	5.55	5.95
食品加工业	7.82	11.44	12.12	13.88	19.32	22.60	33.65	39.38	48.60	46.30	86.41	94.18	109.35	122.37	133.48
食品制造业	7.38	7.55	10.32	12.72	13.47	16.93	25.73	36.00	37.56	40.45	61.14	72.30	85.05	95.05	104.02
饮料制造业	12.42	20.47	23.05	12.77	16.80	18.97	23.83	37.73	43.72	46.40	67.07	77.99	90.31	103.55	111.58
烟草加工业	8.74	9.63	10.67	10.14	6.90	11.83	12.68	10.85	13.58	13.95	14.99	27.43	29.89	35.81	36.36
纺织业	21.33	30.33	37.50	37.08	27.89	40.11	48.15	65.82	77.83	85.06	130.23	145.62	168.07	188.54	206.00
服装及其他纤维制品制造业	3.62	5.58	6.73	8.91	5.36	7.16	9.21	19.38	22.85	16.68	27.19	31.79	36.95	40.56	43.59
皮革毛皮羽绒及其制品业	1.53	3.21	2.88	2.55	3.39	4.38	6.33	8.02	9.73	10.69	14.92	18.22	20.79	23.28	25.24
木材加工及竹藤棕草制品业	1.43	1.62	2.40	4.02	3.51	4.31	6.50	8.79	9.56	5.70	13.25	18.99	22.14	24.46	26.69

续表

行业	2001 年	2002 年	2003 年	2004 年	2005 年	2006 年	2007 年	2008 年	2009 年	2010 年	2011 年	2012 年	2013 年	2014 年	2015 年
家具制造业	0.78	1.28	1.60	1.69	2.19	2.93	3.92	6.39	10.09	4.40	8.92	12.37	14.34	16.10	17.48
造纸及纸制品业	9.56	22.33	15.78	14.80	18.15	21.37	40.43	27.78	11.98	40.04	75.06	69.25	79.72	90.99	96.71
印刷业和记录媒介的复制	3.76	2.80	4.57	4.87	4.88	5.28	6.63	29.33	29.42	9.94	19.98	21.12	22.05	24.85	27.66
文教体育用品制造业	1.31	1.59	1.99	2.92	3.41	4.61	5.80	9.28	10.04	7.69	13.40	19.69	22.63	25.30	27.52
石油加工及炼焦业	10.77	14.04	10.92	17.77	20.28	19.78	24.36	27.55	34.01	42.92	63.09	70.59	81.00	88.35	95.46
化学原料及化学制品制造业	40.17	52.98	73.29	95.18	102.30	126.76	180.48	202.08	249.18	264.72	477.29	521.62	588.91	651.35	704.21
医药制造业	19.59	25.18	31.25	37.81	44.78	56.87	72.54	100.44	123.96	96.36	157.81	243.01	281.86	313.94	343.96
化学纤维制造业	20.00	23.90	24.09	16.27	13.03	16.39	20.30	27.06	33.37	70.76	102.98	69.20	79.73	87.20	96.28
橡胶制品业	6.29	7.76	9.92	12.41	15.62	19.23	25.40	30.36	37.46	46.43	58.98	76.80	86.89	95.22	106.11
塑料制品业	9.18	11.85	50.93	13.96	15.79	23.94	26.01	33.30	41.13	36.61	61.94	82.14	94.54	107.95	116.82
非金属矿物制品业	16.30	19.53	23.98	23.23	26.94	35.23	45.46	60.84	75.09	68.25	113.30	150.17	173.29	192.79	210.26
黑色金属冶炼及压延加工业	56.14	87.67	119.45	114.77	144.57	186.27	237.20	233.81	288.47	388.26	508.38	587.56	675.13	744.61	803.27
有色金属冶炼及压延加工业	23.07	22.10	30.54	45.35	48.39	58.81	73.10	85.83	105.93	167.43	232.51	215.06	246.05	272.22	294.44

续表

行业	2001 年	2002 年	2003 年	2004 年	2005 年	2006 年	2007 年	2008 年	2009 年	2010 年	2011 年	2012 年	2013 年	2014 年	2015 年
金属制品业	11.77	12.21	16.41	17.95	23.64	28.63	36.89	49.56	61.14	66.81	107.64	119.81	141.81	153.94	168.85
通用机械制造业	40.67	49.30	59.85	79.06	97.67	125.26	167.67	205.28	253.20	204.66	318.35	518.50	588.10	659.28	710.43
专用设备制造业	32.04	42.25	54.87	65.80	85.48	107.28	138.06	191.77	236.34	244.47	365.33	465.21	538.39	596.21	646.07
交通运输设备制造业	83.53	104.83	145.80	181.85	197.58	248.91	311.60	375.25	462.49	596.80	739.22	997.96	1182.85	1313.54	1437.99
电气机械及器材制造业	73.98	92.72	88.95	107.97	138.35	176.41	228.44	302.45	373.02	468.66	647.76	740.40	855.01	949.97	1031.73
电子及通信设备制造业	131.05	161.79	185.52	248.73	267.10	316.30	442.83	467.98	576.25	513.60	731.74	1166.88	1321.80	1476.74	1615.06
仪器仪表及文化、办公用机械制造业	11.59	13.38	17.50	23.32	26.39	35.15	45.88	57.16	70.44	307.11	425.91	138.09	161.09	180.71	193.37
其他制造业	1.94	2.44	2.75	4.08	4.67	6.02	7.83	10.82	13.34	29.23	55.81	25.54	29.78	33.20	36.19
电力蒸汽热水的生产和供应业	8.79	7.01	8.21	10.16	11.82	15.15	20.56	24.29	29.98	23.64	36.60	58.23	66.65	78.68	81.63
煤气生产和供应业	0.13	0.28	0.51	0.32	0.29	0.41	0.43	0.60	0.19	10.89	11.25	1.47	1.73	1.87	2.02
自来水的生产和供应业	0.32	0.37	0.55	0.34	0.44	0.61	0.86	1.05	1.30	0.95	1.40	2.50	2.96	3.32	3.62

于每年具有较多的 R&D 投入，R&D 产出的快速增长带来固定资本形成的快速增长；而传统行业，由于技术更新换代较为缓慢，每年 R&D 投入相比其他行业增长率较低，因此 R&D 固定资本形成增长趋势也较为平缓，如煤炭采选业和纺织业 2015 年分别仅为 260.54 亿元和 206 亿元。

（2）R&D 固定资本形成超过 200 亿元的行业中，仪器仪表及文化、办公用机械制造业在 R&D 固定资本形成发展趋势中表现较为特殊。2009～2011 年该行业 R&D 固定资本形成迅速增长而后下降，对比前述对该行业 R&D 产出的估计，表明本章对 R&D 产出和固定资本形成的估计是相符的。另外从表 6-3 也可以看出，2011 年之后仪器仪表及文化、办公用机械制造业是所有行业中唯一一个占比下降的行业，五年间下降了 6 个百分点，而其他行业占比几乎维持不变，这主要是由于仪器仪表及文化、办公用机械制造业本身是传统制造业的属性，生产出来的仪器、仪表、办公用机械等作为基础设施一般具有较长的使用寿命，产品更新换代较慢，导致 R&D 投入相对较少，从而使得 R&D 固定资本形成总量增加较慢。

表 6-3　　各行业在规模以上工业企业总体 R&D 固定资本形成中的占比　单位：%

行业	2011 年	2012 年	2013 年	2014 年	2015 年
电子及通信设备制造业	12.14	16.29	16.01	16.07	16.14
交通运输设备制造业	12.27	13.93	14.33	14.30	14.37
电气机械及器材制造业	10.75	10.33	10.36	10.34	10.31
黑色金属冶炼及压延加工业	8.44	8.20	8.18	8.10	8.03
通用机械制造业	5.28	7.24	7.12	7.18	7.10
化学原料及化学制品制造业	7.92	7.28	7.13	7.09	7.04
专用设备制造业	6.06	6.49	6.52	6.49	6.46
医药制造业	2.62	3.39	3.41	3.42	3.44
有色金属冶炼及压延加工业	3.86	3.00	2.98	2.96	2.94
煤炭采选业	2.57	2.39	2.41	2.39	2.60
非金属矿物制品业	1.88	2.10	2.10	2.10	2.10
纺织业	2.16	2.03	2.04	2.05	2.06
仪器仪表及文化、办公用机械制造业	7.07	1.93	1.95	1.97	1.93
金属制品业	1.79	1.67	1.72	1.68	1.69
石油和天然气开采业	1.33	1.63	1.64	1.65	1.64
食品加工业	1.43	1.31	1.32	1.33	1.33
塑料制品业	1.03	1.15	1.15	1.18	1.17

行业	2011 年	2012 年	2013 年	2014 年	2015 年
饮料制造业	1.11	1.09	1.09	1.13	1.12
橡胶制品业	0.98	1.07	1.05	1.04	1.06
食品制造业	1.01	1.01	1.03	1.03	1.04
造纸及纸制品业	1.25	0.97	0.97	0.99	0.97
化学纤维制造业	1.71	0.97	0.97	0.95	0.96
石油加工及炼焦业	1.05	0.99	0.98	0.96	0.95
电力蒸汽热水的生产和供应业	0.61	0.81	0.81	0.86	0.82
服装及其他纤维制品制造业	0.45	0.44	0.45	0.44	0.44
烟草加工业	0.25	0.38	0.36	0.39	0.36
其他制造业	0.93	0.36	0.36	0.36	0.36
印刷业和记录媒介的复制	0.33	0.29	0.27	0.27	0.28
文教体育用品制造业	0.22	0.27	0.27	0.28	0.28
木材加工及竹藤棕草制品业	0.22	0.27	0.27	0.27	0.27
皮革毛皮羽绒及其制品业	0.25	0.25	0.25	0.25	0.25
有色金属矿采选业	0.22	0.20	0.20	0.20	0.21
家具制造业	0.15	0.17	0.17	0.18	0.17
非金属矿采选业	0.11	0.06	0.06	0.06	0.06
黑色金属矿采选业	0.06	0.05	0.05	0.05	0.05
自来水的生产和供应业	0.02	0.03	0.04	0.04	0.04
煤气生产和供应业	0.19	0.02	0.02	0.02	0.02

注：由于四舍五入可能导致计算误差。

三、R&D 固定资本形成与 R&D 产出之比

R&D 固定资本形成与 R&D 产出比反映了技术的国内生产占比情况，如果该比值大于 1，说明技术表现为净流入。

（一）工业 **R&D** 固定资本形成与 **R&D** 产出之比

图 6 - 3 反映了我国工业 2001 ~ 2015 年 R&D 固定资本形成与 R&D 产出之比的变动趋势，图 6 - 4 反映了 1992 ~ 2005 年美国和以色列 R&D 固定资本形成与产出之比的变动趋势，通过对比两图，可以看出我国工业 R&D 固定资本形成与 R&D 产出之比在 21 世纪初期总体维持较高水平，达 1.5 左右，尤其是

2002 年达到 2.1，而美国和以色列在 20 世纪该占比就维持较低水平，尤其是以色列，整体趋势较低，维持在 1.0 以下。究其原因，主要是因为我国是技术进口大国，技术的进出口为正值，而美国和以色列技术较我国更为先进，是典型的技术输出国。近些年，随着我国自主创新意识的不断增强，企业 R&D 投入增多，且 R&D 资产的转化能力不断提升，技术进口不断减少，从 2009 年开始我国 R&D 固定资本形成与 R&D 产出之占比维持在 1.2 左右，这说明我国技术对外依赖性逐步降低，主要依靠国内供给，技术的发展越来越接近国际领先水平。

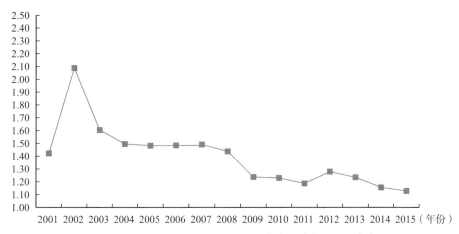

图 6－3 2001～2015 年工业 R&D 固定资本形成与 R&D 产出之比

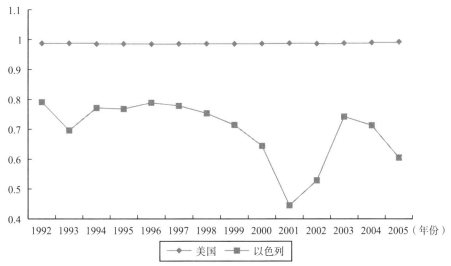

图 6－4 美国和以色列 R&D 固定资本形成与 R&D 产出之比

资料来源：朱发仓. R&D 资本测度的逻辑：理论与应用［M］. 经济科学出版社，2018.

(二) 工业各行业 R&D 固定资本形成与 R&D 产出之比

表 6-4 列示了 21 世纪初工业各行业 R&D 固定资本形成与 R&D 产出之比。根据图 6-3、图 6-4，结合表 6-4，可以得到以下结论。

首先，21 世纪初，我国工业各行业对技术的进口量都较大，一些行业表现突出。21 世纪初由于我国技术水平落后，对国外技术的进口普遍较大，占比总体处于较高水平，各行业占比主要集中在 1~2 区间内。工业一些行业例如烟草加工业、塑料制品业、化学纤维制造业占比远高于同时期工业总体占比的水平值，甚至达到 6.0 以上，技术的进口量非常大。以烟草加工业为例，烟草加工业是唯一实行国家专卖制度的行业，使得该行业缺少企业之间的良性竞争带来的技术进步，从而对技术进口的需求较高，净出口表现为正，且数量较大。总体而言，工业各行业之间技术的发展存在明显不均衡的现象。

其次，近十年来占比值逐渐降低，稳定在 1.2 左右。随着我国创新型国家战略的推进以及工业各行业本身对技术创新的需求，R&D 投入开始不断增多，有效地促进了技术水平的发展。目前工业各行业 R&D 固定资本形成与 R&D 产出之比总体都处于较低水平，与工业总体情况保持一致，尽管某些特殊年份某些行业该比值增大。以化学纤维制造业为例，我国 2009 年 4 月发布《国务院关于印发纺织工业调整和振兴规划的通知》，提出进一步加大对高能耗、高污染等落后生产工艺和设备的淘汰力度，鼓励采用先进适用技术提升传统化纤工艺、装备及生产控制水平，实现产品柔性化、多样化、高效生产，提高产品附加值，加快多功能、差别化纤维的研发和纺织产品一条龙的应用开发，并于 2011 年将纺织品服装出口退税率提高至 15%。国家各项政策对技术和出口的推动使得行业的技术净进口大幅减少，从而降低了 R&D 固定资本形成与 R&D 产出的比值。

最后，工业行业 R&D 投入已取得初步成效。种种迹象表明我国工业各行业间技术在同步发展，国内技术的发展已经使技术的进口在 R&D 固定资本形成中占比不断缩小，技术创新已为我国创造了更多的经济效益。随着创新型国家建设步伐的推进，技术发展将会为我国经济的腾飞添上浓墨重彩的一笔。

表 6 - 4　　　主要年份工业各行业 R&D 固定资本形成与 R&D 产出之比

行业	2001 年	2006 年	2011 年	2015 年
煤炭采选业	1.36	1.21	1.13	1.11
石油和天然气开采业	1.20	1.30	1.01	1.00
黑色金属矿采选业	1.52	1.03	1.00	1.00
有色金属矿采选业	1.80	1.00	1.01	1.00
非金属矿采选业	2.39	1.00	1.04	1.00
食品加工业	1.36	1.07	1.02	1.01
食品制造业	1.70	1.07	1.07	1.04
饮料制造业	2.59	1.09	1.06	1.01
烟草加工业	6.23	2.31	1.05	1.13
纺织业	2.43	1.25	1.06	1.02
服装及其他纤维制品制造业	1.96	1.06	1.02	1.03
皮革毛皮羽绒及其制品业	1.39	1.09	1.03	1.00
木材加工及竹藤棕草制品业	1.27	1.05	1.07	1.03
家具制造业	1.02	1.05	1.02	1.01
造纸及纸制品业	2.38	1.46	1.44	1.05
印刷业和记录媒介的复制	3.22	1.25	1.16	1.03
文教体育用品制造业	1.10	1.06	1.03	1.02
石油加工及炼焦业	2.67	1.34	1.13	1.02
化学原料及化学制品制造业	1.36	1.18	1.11	1.04
医药制造业	1.33	1.06	1.04	1.02
化学纤维制造业	5.06	1.13	1.02	1.07
橡胶制品业	1.42	1.19	1.06	1.04
塑料制品业	1.88	1.34	1.01	1.04
非金属矿物制品业	1.83	1.08	1.03	1.02
黑色金属冶炼及压延加工业	1.64	1.49	1.12	1.02
有色金属冶炼及压延加工业	1.84	1.28	1.10	1.02
金属制品业	1.63	1.08	1.03	1.01
通用机械制造业	1.36	1.14	1.07	1.03
专用设备制造业	1.15	1.05	1.03	1.01

行业	2001 年	2006 年	2011 年	2015 年
交通运输设备制造业	1.53	1.24	1.15	1.15
电气机械及器材制造业	1.68	1.09	1.04	1.02
电子及通信设备制造业	1.93	1.27	1.08	1.04
仪器仪表及文化、办公用机械制造业	1.39	1.15	1.01	1.01
其他制造业	1.23	1.04	1.01	1.01
电力蒸汽热水的生产和供应业	2.47	1.17	1.01	1.00
煤气生产和供应业	1.49	1.29	1.00	1.00
自来水的生产和供应业	2.04	1.09	1.01	1.02

第二节 R&D 资本化核算的影响分析

本章前文计算了工业以及各行业 R&D 资本化的情况，本节首先根据 R&D 资本化核算结果分析 R&D 资本化对工业企业经济产生的影响，主要包括对工业研发强度的影响、工业总产出的影响以及对工业资产总值的影响；其次，基于核算结果，分析 R&D 资本化对我国 GDP 数值及结构的影响。由于《中国统计年鉴》中缺少 2005 年分行业规模以上工业企业总体指标数据，本节对工业总量的影响分析将采用 2006～2015 年的数据进行。

一、R&D 资本化对工业经济的影响

（一）R&D 资本化对工业研发强度的影响

研发强度反映一个企业对技术发展的重视程度，可用当年的 R&D 内部支出在营业收入中的占比表示。一个行业的 R&D 研发强度高，则表示该行业对创新的重视程度高，该行业将会有更多的 R&D 投入，形成更多 R&D 资本。当今世界，技术是促进经济发展的重要动力，一个国家忽视对 R&D 活动的投入将会导致科技发展上的落后；一个企业忽视对 R&D 活动的投入，则会面临失去市场，从而造成直接或间接的经济利益损失。因此，R&D 研发强度的高低充分反映了行业、企业对技术创新的重视程度，也是衡量行业、企业发展前景

和判断企业及行业竞争力的有力指标。

图 6-5 反映了工业 R&D 研发强度变化的趋势，从中可以看出，我国工业 R&D 研发强度呈现波动中上升的趋势。2006 年工业 R&D 研发强度为 0.5%，到 2015 年 R&D 研发强度上升到 0.9%，表明工业企业总体上对 R&D 活动的投入在逐年增长，对 R&D 活动的重视程度在不断提升。

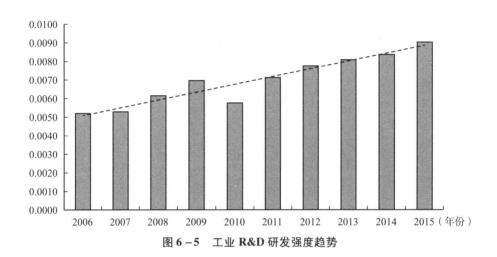

图 6-5　工业 R&D 研发强度趋势

表 6-5 列示了工业各行业 R&D 研发强度，从中我们可以得出以下结论。

(1) 工业大部分行业 R&D 研发强度的发展趋势与工业总体水平类似。从表 6-5 中可以看出，大部分行业 R&D 研发强度都呈现波动中增长的趋势，并且受金融危机的影响，在 2009~2012 年表现出明显的波动性，之后增长恢复稳定。

(2) 尽管总体趋势类似，但仍有一些行业表现出差异性。例如，我国交通运输设备制造业 R&D 研发强度逐年增长，2012 年以后增长尤为迅速，2015 年研发强度达到 6.6%；塑料制品业和橡胶制品业 2006 年研发强度高于 1.0%，2015 年降低到 1.0% 以下；食品加工业 2014 年研发强度达到 1.9%，之后又降到 1% 以下。10 年间 R&D 研发强度普遍低于 1.0% 的行业中，化学原料及化学制品制造业研发强度较高，2015 年达到 0.8%；煤气生产和供应业由于更新换代慢，对技术需求较低，10 年间 R&D 研发强度一直较低，处于 0.1% 以下。

表 6 – 5 工业各行业 R&D 研发强度

行业	2006 年	2007 年	2008 年	2009 年	2010 年	2011 年	2012 年	2013 年	2014 年	2015 年
全国	0.005	0.005	0.006	0.007	0.005	0.007	0.007	0.008	0.008	0.009
煤炭采选业	0.005	0.005	0.005	0.005	0.004	0.004	0.005	0.006	0.007	0.010
石油和天然气开采业	0.003	0.004	0.004	0.008	0.008	0.006	0.010	0.012	0.013	0.021
黑色金属矿采选业	0.001	0.001	0.000	0.001	0.000	0.000	0.000	0.000	0.001	0.001
有色金属矿采选业	0.002	0.002	0.002	0.003	0.002	0.003	0.003	0.003	0.003	0.003
非金属矿采选业	0.001	0.001	0.001	0.001	0.001	0.002	0.001	0.001	0.001	0.001
食品加工业	0.002	0.002	0.002	0.002	0.001	0.002	0.002	0.002	0.019	0.002
食品制造业	0.003	0.004	0.004	0.004	0.003	0.004	0.004	0.004	0.004	0.005
饮料制造业	0.004	0.005	0.005	0.005	0.005	0.005	0.006	0.006	0.006	0.006
烟草加工业	0.002	0.002	0.002	0.002	0.002	0.002	0.003	0.003	0.003	0.003
纺织业	0.002	0.002	0.003	0.003	0.003	0.004	0.004	0.005	0.005	0.005
服装及其他纤维制品制造业	0.001	0.012	0.001	0.002	0.001	0.002	0.002	0.002	0.002	0.002
皮革毛皮羽绒及其制品业	0.001	0.001	0.001	0.001	0.001	0.002	0.002	0.002	0.002	0.002
木材加工及竹藤棕草制品业	0.002	0.002	0.002	0.002	0.001	0.001	0.002	0.002	0.002	0.002
家具制造业	0.002	0.002	0.002	0.003	0.001	0.002	0.002	0.002	0.002	0.002
造纸及纸制品业	0.003	0.003	0.004	0.001	0.003	0.004	0.005	0.005	0.006	0.007
印刷业和记录媒介的复制	0.003	0.003	0.003	0.010	0.003	0.005	0.004	0.004	0.004	0.004
文教体育用品制造业	0.003	0.003	0.003	0.004	0.002	0.004	0.002	0.002	0.002	0.002
石油加工及炼焦业	0.001	0.001	0.001	0.002	0.001	0.002	0.002	0.002	0.002	0.003

续表

行业	2006 年	2007 年	2008 年	2009 年	2010 年	2011 年	2012 年	2013 年	2014 年	2015 年
化学原料及化学制品制造业	0.005	0.005	0.006	0.007	0.005	0.007	0.007	0.007	0.007	0.008
医药制造业	0.011	0.012	0.014	0.014	0.008	0.011	0.014	0.013	0.013	0.013
化学纤维制造业	0.005	0.000	0.007	0.009	0.013	0.015	0.009	0.010	0.012	0.013
橡胶制品业	0.006	0.006	0.007	0.008	0.008	0.008	0.003	0.003	0.002	0.003
塑料制品业	0.003	0.003	0.003	0.004	0.003	0.004	0.003	0.003	0.002	0.004
非金属矿物制品业	0.003	0.003	0.003	0.003	0.002	0.003	0.003	0.003	0.003	0.004
黑色金属冶炼及压延加工业	0.005	0.005	0.005	0.007	0.006	0.007	0.008	0.008	0.010	0.012
有色金属冶炼及压延加工业	0.004	0.003	0.004	0.005	0.005	0.006	0.005	0.005	0.005	0.006
金属制品业	0.003	0.003	0.003	0.004	0.003	0.005	0.004	0.004	0.004	0.004
通用机械制造业	0.008	0.008	0.009	0.010	0.005	0.007	0.013	0.013	0.013	0.015
专用设备制造业	0.013	0.013	0.014	0.014	0.010	0.014	0.016	0.016	0.017	0.018
交通运输设备制造业	0.010	0.010	0.011	0.011	0.009	0.010	0.017	0.062	0.063	0.066
电气机械及器材制造业	0.009	0.009	0.010	0.012	0.010	0.012	0.013	0.014	0.014	0.015
电子及通信设备制造业	0.008	0.008	0.011	0.013	0.008	0.011	0.016	0.017	0.017	0.017
仪器仪表及文化办公用机械制造业	0.009	0.009	0.012	0.014	0.053	0.056	0.020	0.020	0.021	0.022
其他制造业	0.002	0.011	0.003	0.003	0.012	0.008	0.012	0.013	0.013	0.013
电力蒸汽热水的生产和供应业	0.001	0.001	0.001	0.001	0.001	0.001	0.001	0.001	0.001	0.001
煤气生产和供应业	0.000	0.000	0.000	0.000	0.004	0.004	0.000	0.000	0.000	0.000
自来水的生产和供应业	0.001	0.001	0.001	0.001	0.001	0.001	0.002	0.002	0.002	0.002

（二） R&D 资本化对工业总产出的影响

R&D 资本化是指将原来计为中间投入的 R&D 活动当成资产的一部分，纳入增加值中。就行业来讲，将 R&D 投入算作资产即将 R&D 的产出算作工业企业总产出的一部分，会使工业总体的总产出增加。图 6 − 6 展示了 10 年间 R&D 资本化前和 R&D 资本化后的工业总产出的发展趋势。

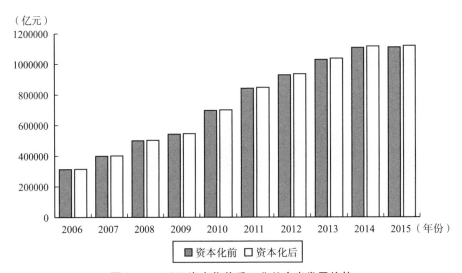

图 6 − 6　R&D 资本化前后工业总产出发展趋势

从图 6 − 6 中可以看出，2006 ～ 2015 年我国规模以上工业企业的总产出呈现增长趋势，将 R&D 资本化后总产出有所增加。表 6 − 6 列示了 R&D 资本化后使工业总产出增长的百分比，从中可以看出，2006 年 R&D 资本化使当年工业总产出提升了 0.49%。随着时间的推移，每年对工业总产出的提升效果都有所增加。2015 年将 R&D 资本化后，总产出提升了 0.86%。

表 6 − 6　　　　　　　　　　R&D 资本化前后工业总产出的变化

年份	2006	2007	2008	2009	2010
资本化前（亿元）	313592.45	399717.06	500020.07	542522.43	697744
增加额（＋）（亿元）	1527.79	1979.17	2863.63	3530.51	3797.03
资本化后（亿元）	315120.24	401696.23	502883.70	546052.94	701541.03
提升（%）	0.49	0.50	0.57	0.65	0.54

年份	2011	2012	2013	2014	2015
资本化前（亿元）	841830.24	929291.51	1029149.76	1107032.52	1109852.97
增加额（+）（亿元）	5577.91	6770.87	7860.21	8799.68	9590.93
资本化后（亿元）	847408.15	936062.38	1037009.97	1115832.20	1119443.90
提升（%）	0.66	0.73	0.76	0.79	0.86

（三）R&D 资本化对工业总产出增长速度的影响

前文对 R&D 资本化前后工业总产出的发展趋势做了介绍，下文将根据每年总产出的增长率分析 R&D 资本化对总产出增长速度的影响。

图 6-7 反映了 2006~2015 年 R&D 资本化前后工业总产出增长速度的变化。从中可以看出，尽管每年工业的总产出在增长，但增长速度整体处于下降趋势，尤其是近几年增长速度相比 2010 年下降明显。

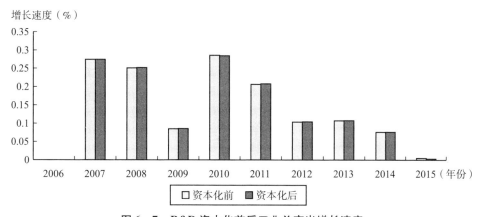

图 6-7　R&D 资本化前后工业总产出增长速度

尽管工业总产出的增长速度呈现下降趋势，但 R&D 资本化后，对总产出增长速度的拉动程度却在提升。2007 年 R&D 资本化使总产出的增长速度只提升了 0.01%，之后几年提升的趋势不稳定，但十年间对工业企业总产出增长速度的提升总体呈增长趋势，2015 年已达到 0.07%（见表 6-7）。

表 6 - 7　　　　　　　R&D 资本化对总产出增长速度的影响　　　　单位：%

年份	2007	2008	2009	2010	2011	2012	2013	2014	2015
资本化前	27.46	25.09	8.50	28.61	20.65	10.39	10.75	7.57	0.25
资本化后	27.47	25.19	8.58	28.47	20.79	10.46	10.78	7.60	0.32
增长率增加值	0.01	0.10	0.08	-0.14	0.14	0.07	0.03	0.03	0.07

（四）R&D 资本化对规模以上工业企业资产总额的影响

随着工业行业对 R&D 的投入在不断增加，R&D 资本水平不断提升，如果忽视 R&D 资产将会严重扭曲工业总体相关经济指标的真实性。

图 6 - 8 反映了 2006 ~ 2015 年规模以上工业企业资本化前后资产总额的发展趋势，以及 R&D 资本化对工业企业资产总额的提升效果。表 6 - 8 列示了 R&D 资本化对工业企业资产总额影响的具体数值。

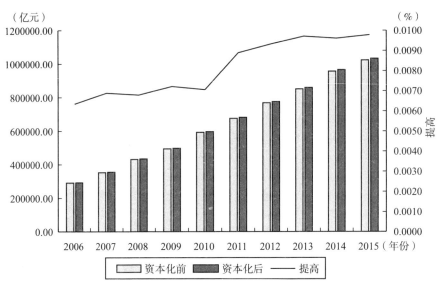

图 6 - 8　R&D 资本化对规模以上工业企业资产总额的影响

结合图 6 - 8 和表 6 - 8，可得出以下结论。

（1）我国工业企业资产总额在 2006 ~ 2015 年呈现增长态势。伴随我国建设创新型国家的步伐的推进，工业对 R&D 投入增多，工业企业的 R&D 资本化

表 6-8   **R&D 资本化对规模以上工业企业资产总额的影响**

年份	2006	2007	2008	2009	2010
资产总额（亿元）	291214.51	353037.37	431305.55	493692.86	592881.89
增加额（亿元）	1848.22	2431.63	2928.87	3560.59	4183.1
资本化后（亿元）	293062.73	355469	434234.42	497253.45	597064.99
提高（%）	0.63	0.69	0.68	0.72	0.71
年份	2011	2012	2013	2014	2015
资产总额（亿元）	675796.86	768421.2	850625.85	956777.2	1023398.12
增加额（亿元）	6008.06	7170.2	8259.02	9191.56	10010.87
资本化后（亿元）	681804.92	775591.4	858884.87	965968.76	1033408.99
提高（%）	0.89	0.93	0.97	0.96	0.98

水平也得到提升。从资产总额来看，R&D 资本化使工业资产总额逐年增加，并且增加的幅度逐年提升。2006 年将工业的 R&D 固定资本形成计入工业资产总额中使工业资产总额增加了 0.63%，到 2015 年 R&D 资本化使工业资产总额提升了 0.98%。

（2）尽管 R&D 资本化促进工业资产总额增长的百分比偏小，但工业是我国国民经济的支撑型行业，资产总额的基数庞大，如果忽视 R&D 资本化对工业资产总额产生的影响，逐年累积将会最终影响我国经济总量指标，从而对国民经济的衡量造成偏差。

二、R&D 资本化对我国 GDP 的影响

工业是我国的支柱型产业，对工业 R&D 进行资本化核算除了会对工业总体总量指标产生影响外，对我国 GDP 的数值和结构都会产生一定的影响。

（一）R&D 资本化对 GDP 数值的影响

资本化 R&D 并将其加入 GDP 核算中，能够使 GDP 数据更好地反映企业研发对经济增长的贡献。根据前述对工业总体 R&D 固定资本形成的测算，本书利用《中国统计年鉴》中的支出法 GDP 数据，以 2001 年为基期，对名义 GDP 进行调整，进而分析 R&D 资本化对 GDP 数值产生的影响。

　　企业是 R&D 活动的重要实施者，企业对 R&D 的投入不仅会促进技术的不断发展，还会使固定资本形成大量增加，从而最终影响国内生产总值。我国经济经过高速发展，最近几年已经进入稳定发展期，经济增速明显放缓，甚至出现小幅下滑，然而从表6－9中可以看出，2001～2015 年，我国工业 R&D 资本中可纳入 GDP 的部分逐渐增多，资本化后 GDP 数值在不断增长，企业加大研发投入明显促进了经济的增长。

　　同时，工业 R&D 资本化后，对 GDP 增长率的提升呈现波动中上升趋势，从 2002 年的 0.12% 提升到 2015 年的 0.66%，表明我国工业 R&D 资本在 GDP 中的占比逐渐增强，已成为国民经济的重要组成部分。因此，在我国经济稳中求进、进入新常态的情况下，须加大工业 R&D 投入，以技术带动经济发展，充分发挥研发对我国经济发展的重要作用。

表 6－9　　　　　　　　　　　R&D 资本化对 GDP 的影响

年份	资本化前		资本化后 实际 GDP （亿元）	GDP 增长率 （资本化前） （%）	GDP 增长率 （资本化后） （%）	增长率 变化值 （%）
	名义 GDP （亿元）	实际 GDP （2001 年为基期） （亿元）				
2001	110863.1	110863.10	111565.17			
2002	121717.4	120951.64	121851.47	9.10	9.22	0.12
2003	137422	121949.41	123072.40	0.82	1.00	0.18
2004	161840.2	122060.27	123354.19	0.09	0.23	0.14
2005	187318.9	123501.49	124972.06	1.18	1.31	0.13
2006	219438.5	124942.71	126790.94	1.17	1.46	0.29
2007	270232.3	126605.66	129037.29	1.33	1.77	0.44
2008	319515.5	121616.82	124545.69	－3.94	－3.48	0.46
2009	349081.4	121284.23	124844.82	－0.27	0.24	0.51
2010	413030.3	122614.59	126797.69	1.10	1.56	0.46
2011	489300.6	121395.09	127403.16	－0.99	0.48	1.47
2012	540367.4	119621.28	126791.49	－1.46	－0.48	0.98

续表

年份	资本化前		资本化后 实际 GDP （亿元）	GDP 增长率 （资本化前） （%）	GDP 增长率 （资本化后） （%）	增长率 变化值 （%）
	名义 GDP （亿元）	实际 GDP （2001 年为基期） （亿元）				
2013	595244.4	119510.42	127769.44	−0.09	0.77	0.86
2014	643974	118956.11	128147.66	−0.46	0.30	0.76
2015	685505.8	118512.65	128523.52	−0.37	0.29	0.66

（二）R&D 资本化对 GDP 结构的影响

我国企业 R&D 资本化对支出法 GDP 核算的各项影响如表 6 - 10 所示。支出法下，将企业原本的 R&D 投入从中间消耗记为投资，使 GDP 中资本形成总额增加，最终使 GDP 增加。

表 6 - 10 规模以上工业企业 R&D 资本化对支出法 GDP 核算表的影响

使用	R&D 资本化影响
一、支出法 GDP	增加
（一）最终消费	
居民消费	
农村居民消费	
城镇居民消费	
政府消费	
（二）资本形成总额	增加
固定资本形成总额	增加
存货增加	
（三）净出口	
出口	
进口（−）	
二、统计误差	

进一步可以分析 R&D 资本化前后我国投资率的变化情况。本书计算出工业企业 R&D 资本化前后我国投资率的数值如表 6 – 11 所示。

表 6 – 11　　　　　　工业 **R&D** 资本化前后我国投资率的变化　　　　单位：%

年份	投资率			年份	投资率		
	资本化前	资本化后	变化值		资本化前	资本化后	变化值
2001	36. 42	37. 06	0. 64	2009	46. 44	47. 46	1. 02
2002	37. 08	37. 82	0. 74	2010	47. 61	48. 63	1. 02
2003	40. 63	41. 45	0. 82	2011	47. 69	48. 91	1. 22
2004	42. 89	43. 69	0. 80	2012	47. 23	48. 56	1. 33
2005	41. 39	42. 18	0. 79	2013	47. 39	48. 78	1. 39
2006	40. 93	41. 78	0. 85	2014	47. 01	48. 44	1. 43
2007	41. 46	42. 36	0. 90	2015	45. 64	47. 10	1. 46
2008	43. 27	44. 18	0. 91				

投资是"三驾马车"中的中坚力量，投资增长是经济增长的必要前提，对社会和经济的发展具有重要作用。根据 R&D 资本化给投资率带来的变化，可进一步分析对 GDP 结构产生的影响。

从表 6 – 11 中可以看出，将企业 R&D 资本化后，固定资本形成总额增加，我国投资率在原有基础上的增长幅度呈上升趋势。2001 年投资率上升 0.64%，2009 年投资率上升 1.02%，到 2015 年 R&D 资本化已使投资率增长了 1.46%，投资率的增长表明 R&D 资本化对我国经济起到了一定的拉动作用。而对于企业来说，投资是企业发展的第一动力，R&D 资本化的实施不仅在数值上改变了我国的经济状况，也将会在更深层次上让企业意识到 R&D 对企业发展的重要性，从而促进企业进入到 R&D 与经济发展的良性循环中。

第七章
地区 R&D 资本投资测度

第一节 R&D 固定资本形成估计

一、地区数据来源与数据处理

我国的科技统计起步较晚，数据基础较差，从 2000 年才有各地区 R&D 内部支出的费用构成分类数据。因此，需要估计 1990 ~ 1999 年的费用构成分类数据。

1. 各省份 R&D 内部支出的估计

本项目以各省份科技活动经费内部支出占全国科技活动经费支出的比重为权重，估计 1990 ~ 1999 年的省份 R&D 内部支出，公式为：

$$各省份 R\&D 经费内部支出 = \frac{各省份科技活动经费内部支出}{全国科技活动经费支出} \times 全国 R\&D 经费内部支出$$

2. R&D 内部支出的构成估计

相应地，得到各省份 R&D 内部支出后，还需要进一步估计其构成，方法如下：

$$R\&D 资本性支出 = \frac{全省科技活动经费中固定资产构建费}{全省科技活动经费支出} \times 全省 R\&D 内部支出$$

$$日常性支出 = R\&D 内部支出 - R\&D 资产性支出$$

$$各省份 R\&D 人员劳务费 = \frac{科技活动劳务费}{科技活动内部支出} \times 各省份 R\&D 经费内部支出$$

二、全国 R&D 资本形成测算结果

R&D 资本化后，原来记入中间投入的部分转化为投资。1990～2015 年全国 R&D 固定资本形成估计结果如表 7－1 所示。

表 7－1 　　　　2001～2015 年全国 R&D 支出及固定资本形成估计结果 　　　单位：亿元

年份	现价 R&D 内部支出	不变价 R&D 内部支出	现价 R&D 固定资本形成	不变价 R&D 固定资本形成
1990	125.43	125.43	101.12	101.12
1991	142.30	132.79	122.08	122.08
1992	169.00	143.40	151.08	140.98
1993	196.00	130.68	181.21	153.77
1994	222.00	126.55	211.39	140.94
1995	348.69	175.43	321.50	183.27
1996	404.48	194.99	382.57	192.48
1997	509.16	241.98	485.67	234.13
1998	551.12	269.96	545.10	259.06
1999	678.91	342.43	663.44	324.97
2000	895.66	444.45	852.69	430.08
2001	1042.49	520.49	1571.21	960.25
2002	1287.64	649.21	2464.39	1468.34
2003	1539.63	756.65	2312.38	1272.92
2004	1966.33	909.07	2687.05	1378.93
2005	2449.97	1067.90	3331.93	1621.39
2006	3003.10	1266.54	4053.18	1876.52
2007	3710.24	1506.51	5045.07	2237.72
2008	4616.02	1733.59	6079.15	2505.39
2009	5802.11	2121.97	7500.53	2963.39
2010	7062.58	2399.22	8913.95	3358.28
2011	8687.01	2739.86	10511.13	3629.44
2012	10298.41	3263.74	13343.85	4384.19

年份	现价 R&D 内部支出	不变价 R&D 内部支出	现价 R&D 固定资本形成	不变价 R&D 固定资本形成
2013	11846.60	3792.12	14854.84	4897.94
2014	13015.63	4211.63	15460.57	5108.19
2015	14169.88	4763.95	16624.03	5608.47

从表 7 - 1 中可发现，1990 ~ 2015 年 R&D 支出与 R&D 固定资本形成均呈现逐年递增趋势。不变价 R&D 支出从 1990 年的 125.43 亿元逐渐增长到 2015 年的 14169.88 亿元，说明我国 R&D 投入力度在近年来取得了较大的进步，同时也说明我国越来越重视 R&D 资本的投入。

三、各省份 R&D 资本形成测算结果

我们以 1990 年为基期，对 1990 ~ 2015 年各省份的 R&D 产出和 R&D 资本形成进行计算，得到 2015 年的不变价 R&D 产出和 R&D 不变价固定资本形成，如表 7 - 2 所示。

表 7 - 2 　　　　2015 年各省份不变价 R&D 产出与 R&D 资本形成　　　　单位：亿元

省份	R&D 产出	R&D 固定资本形成	省份	R&D 产出	R&D 固定资本形成
北京	450.44	524.44	湖北	176.20	208.52
天津	173.37	206.08	湖南	129.50	132.82
河北	118.98	122.65	广东	640.48	856.90
山西	46.33	47.17	广西	37.43	38.12
内蒙古	42.83	43.85	海南	6.35	8.14
辽宁	124.81	145.41	重庆	86.06	112.34
吉林	47.08	54.37	四川	177.03	187.40
黑龙江	54.51	57.41	贵州	19.45	19.93
上海	311.69	416.77	云南	33.89	34.45
江苏	619.90	771.95	西藏	1.08	1.08
浙江	353.53	380.76	陕西	126.86	127.69
安徽	141.87	162.11	甘肃	26.61	26.67

省份	R&D 产出	R&D 固定资本形成	省份	R&D 产出	R&D 固定资本形成
福建	140.90	150.23	青海	4.43	4.61
江西	59.07	63.96	宁夏	8.70	9.07
山东	467.97	490.11	新疆	15.89	16.11
河南	145.84	147.41			

四、各省份工业企业 R&D 投资估计

（一）数据来源与数据处理

利用总生产成本法估计工业企业 R&D 产出及固定资本形成时，需要估计中间消耗、雇员报酬、固定资本消耗、固定资本净收益以及其他生产税（减生产补贴）。由于我国从 2009 年起才有 R&D 内部支出的费用构成分类数据，因此需要估计之前年份的构成数据，估计方法同前。

（二）全国 R&D 投资规模测算结果

2001～2015 年 R&D 固定资本形成总额及其增长趋势如表 7 - 3、图 7 - 1 所示。

表 7 - 3　　　　　2001～2015 年企业 R&D 资本形成估计结果　　　单位：亿元

年份	现价 R&D 内部支出	不变价 R&D 内部支出	现价 R&D 资本	不变价 R&D 资本
2001	1042.49	520.48	1379.66	872.24
2002	1287.64	649.22	2222.04	1424.75
2003	1539.63	756.64	2067.92	1219.95
2004	1966.33	909.07	2441.75	1318.02
2005	2449.97	1067.91	3208.27	1692.54
2006	3003.10	1266.53	3856.23	1991.24
2007	3710.24	1506.53	4573.16	2242.78
2008	4616.02	1733.59	5214.26	2343.49

续表

年份	现价 R&D 内部支出	不变价 R&D 内部支出	现价 R&D 资本	不变价 R&D 资本
2009	5802.11	2121.99	5629.72	2554.50
2010	7062.58	2399.20	6977.02	2994.36
2011	8687.01	2739.87	8127.20	3264.50
2012	10298.41	3263.70	10550.11	4139.28
2013	11846.60	3792.11	11733.98	4551.08
2014	13015.63	4211.66	12033.38	4616.55
2015	14169.88	4763.93	12810.11	4943.16

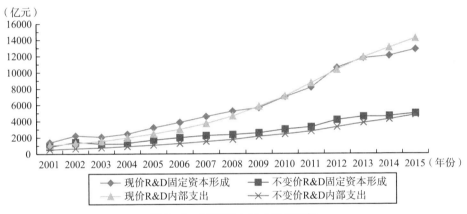

图 7-1　固定资本形成变化趋势

（三）各省份企业 R&D 资本形成总额测算

各省份 R&D 固定资本形成总额与全国 R&D 固定资本形成总额的估计过程类似，各省份 R&D 内部支出测算方法与全国相同。各地区的 R&D 价格指数由各地区的劳务费占比、仪器设备支出占比、建筑安装工程占比，分别乘以对应的人员劳务费价格指数、原材料燃料购进价格指数、仪器设备购置价格指数、建筑安装工程价格指数，采用加权平均的方法计算得到。在此基础上，采用总成本法计算得到各地区 2001~2015 年的 R&D 固定资本形成。其中 2015 年各省份工业企业 R&D 固定资本形成见表 7-4。按照从高到低顺序，对 2015 年各省份工业企业的 R&D 固定资本形成额进行排序，可以发现 2015 年 R&D 固定资本形成额中江苏省最高，其次为广东省、山东省、浙江省、湖北省、天津市、上海市（见图 7 - 2），可以发现工业企业 R&D 固定资本形成主要集中在沿海地区经济发展程度较高的地区。

表 7 - 4   2015 年各省份工业企业 R&D 资本形成额   单位：亿元

省份	R&D 资本形成	省份	R&D 资本形成
北京	162.01	河南	155.16
天津	176.04	湖北	176.58
河北	128.28	湖南	129.90
山西	43.29	广东	694.82
内蒙古	47.13	广西	33.60
辽宁	126.17	海南	6.79
吉林	44.03	重庆	115.40
黑龙江	38.67	四川	92.80
上海	172.72	贵州	17.14
江苏	767.35	云南	21.84
浙江	369.99	陕西	64.85
安徽	145.96	甘肃	17.81
福建	170.34	青海	2.91
江西	64.40	宁夏	8.07
山东	561.19	新疆	13.26

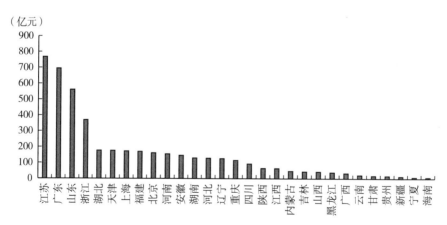

图 7 - 2   2015 年各省份工业企业 R&D 固定资本形成

图 7 - 3 反映了 2001 ~ 2015 年各省份工业企业 R&D 固定资本形成平均增长率，从中可以看出浙江固定资本形成平均增长率最高，内蒙古次之，上海最低。

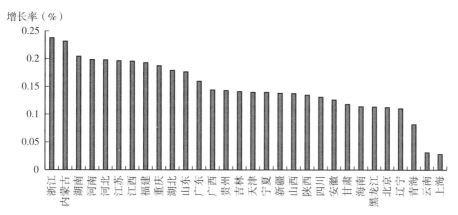

图 7 - 3　2001 ~ 2015 年各省份工业企业 R&D 固定资本形成平均增长率

图 7 - 4 反映了我国中部、东部、西部地区 R&D 固定资本形成增长率变化趋势。从中可以看出，东部、中部地区整体增长率平稳，西部地区 2006 ~ 2009 年增长率趋于平稳，2009 ~ 2015 年出现高低起伏的较大波动，这说明西部地区相对于中部、东部地区来说 R&D 投入发展不稳定。

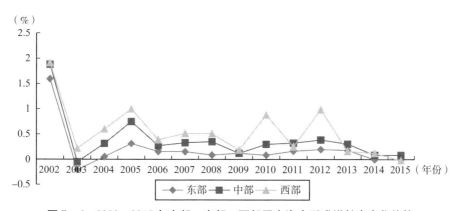

图 7 - 4　2002 ~ 2015 年东部、中部、西部固定资本形成增长率变化趋势

综上所述，经济发达地区的 R&D 固定资本形成明显比欠发达地区高，故在注重经济发达地区 R&D 资本投入的同时，也要完善经济不发达地区的经济政策，对其 R&D 投入进行合理引导，使其逐渐走上依靠知识、科技等带动经济发展的道路。

（四）各省份工业企业 R&D 经费支出占比与资本形成占比的比较

表 7 – 5 列示了 2015 年各省份工业企业 R&D 经费支出占比与资本支出占比。

从中可以发现，经费支出和资本形成之间存在着正向关系；且大部分省份的经费支出占比及资本形成占比均在 70% 以上，说明了 R&D 投资的大部分来自工业企业。

表 7 – 5   2015 年各省份工业企业 R&D 内部支出占比、资本形成占比

省份	内部支出占比（%）	资本形成占比（%）	省份	内部支出占比（%）	资本形成占比（%）
北京	19.16	26.59	河南	92.12	88.60
天津	75.11	77.10	湖北	78.78	78.92
河北	88.51	85.69	湖南	92.83	89.82
山西	82.73	80.44	广东	91.89	71.86
内蒙古	94.74	92.59	广西	78.92	78.16
辽宁	72.33	73.41	海南	71.62	78.15
吉林	66.20	67.35	重庆	87.84	90.79
黑龙江	60.68	58.44	四川	48.36	47.42
上海	55.05	43.83	贵州	79.74	79.00
江苏	90.88	89.48	云南	61.57	59.39
浙江	91.73	89.65	陕西	47.70	45.34
安徽	81.08	80.08	甘肃	63.85	62.34
福建	95.96	93.93	青海	61.00	64.64
江西	92.55	88.50	宁夏	85.47	83.86
山东	98.35	96.03	新疆	76.52	75.81

第二节 R&D 资本化对各地区的影响

一、全国层面的影响

（一）对 GDP 的影响

R&D 固定资本形成是 GDP 增加值的构成项。从现价来看，2015 年 GDP 由 696593.83 亿元增加到 709403.94 亿元，总量增加了 12810.11 亿元，增加了 1.84%。从不变价来看，2015 年 GDP 由 200495.40 亿元增加到 204877.26 亿元，总量增加了 4381.86 亿元，增加了 2.19%。图 7 - 5 反映了我国 2001 ~ 2015 年由 R&D 产出转化为资本形成直接使 GDP 增加的百分比。从中可以看出，R&D 资本化给 GDP 带来的增长效益是巨大的。虽然随着时间推移这种增长效益有下降的趋势，但整体上仍是增长的。

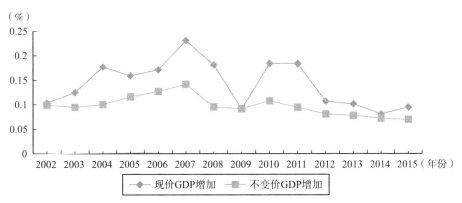

图 7 - 5 资本化后现价 GDP、不变价 GDP 增加百分比

（二）资本化后 GDP 增速变化

将 R&D 资本纳入 GDP 核算后，GDP 增长率发生了变化。2001 年，资本化前 GDP 增长率为 8.30%，资本化后 GDP 增长率为 8.37%，GDP 增速增加了 0.07 个百分点。2015 年，资本化前 GDP 增长率为 6.90%，资本化后 GDP 增长率为 6.94%，GDP 增速增加了 0.04 个百分点（见表 7 - 6）。2001 ~ 2015 年

实际 GDP 增长率平均值为 0.044。

表 7 – 6   **2001~2015 年资本化后不变价 GDP 增速变化**   单位：%

年份	资本化前 GDP 增速	资本化后 GDP 增速	增加量
2001	8.30	8.37	0.07
2002	9.10	9.25	0.15
2003	10.00	10.01	0.01
2004	10.10	10.15	0.05
2005	11.40	11.41	0.01
2006	12.70	12.71	0.01
2007	14.20	14.21	0.01
2008	9.70	9.68	− 0.02
2009	9.40	9.54	0.14
2010	10.60	10.60	0.00
2011	9.50	9.53	0.03
2012	7.90	7.97	0.07
2013	7.80	7.89	0.09
2014	7.30	7.36	0.06
2015	6.90	6.94	0.04

（三） R&D 强度变化

表 7 – 7 列示了资本化前后的 R&D 强度。由于 R&D 资本化后 GDP 增长，使得 R&D 强度（计算公式为 R&D/GDP）降低。从现价来看，2015 年 R&D 强度由 2.03% 降低到 1.72%，降低了 0.31 个百分点；从不变价来看，2015 年 R&D 强度由 2.70% 降低到 2.38%，降低了 0.32 个百分点。

表 7 – 7   **资本化前后 R&D 强度**   单位：%

年份	现价 R&D 强度			不变价 R&D 强度		
	资本化前	资本化后	降低点数	资本化前	资本化后	降低点数
2001	0.95	0.84	0.11	0.95	0.94	0.01
2002	1.06	0.90	0.16	1.10	1.08	0.02

年份	现价 R&D 强度			不变价 R&D 强度		
	资本化前	资本化后	降低点数	资本化前	资本化后	降低点数
2003	1.13	0.98	0.15	1.17	1.15	0.02
2004	1.22	1.06	0.16	1.27	1.25	0.02
2005	1.32	1.12	0.20	1.37	1.32	0.05
2006	1.38	1.17	0.21	1.44	1.39	0.05
2007	1.38	1.18	0.20	1.50	1.45	0.05
2008	1.46	1.25	0.21	1.59	1.52	0.07
2009	1.68	1.44	0.24	1.90	1.71	0.19
2010	1.73	1.48	0.25	1.99	1.74	0.25
2011	1.79	1.54	0.25	2.09	1.82	0.27
2012	1.93	1.61	0.32	2.31	2.01	0.30
2013	2.02	1.68	0.34	2.48	2.17	0.31
2014	2.05	1.72	0.33	2.56	2.25	0.31
2015	2.03	1.72	0.31	2.70	2.38	0.32

（四） 对 GDP 结构的影响

表 7-8 列示了按当年价计算的最终消费和资本形成总额占比。从中可以看出，2001~2015 年最终消费率呈下降趋势，资本形成总额占比提高。2015 年资本化前最终消费率为 51.61%，资本化后最终消费率为 50.68%，最终消费率降低 0.93%；资本化前资本形成总额占比为 44.94%，资本化后资本形成总额占比为 45.94%，资本形成占比提高 1%。

表 7-8   按当年价计算的全国最终消费和资本形成总额占比   单位：%

年份	最终消费率			资本形成总额占比		
	资本化前	资本化后	降低点数	资本化前	资本化后	提高点数
2001	61.62	60.86	0.76	36.30	37.08	0.78
2002	60.57	59.49	1.08	36.90	38.03	1.13
2003	57.49	56.64	0.85	40.37	41.25	0.88

年份	最终消费率			资本形成总额占比		
	资本化前	资本化后	降低点数	资本化前	资本化后	提高点数
2004	54.74	53.93	0.81	42.66	43.50	0.84
2005	53.62	52.73	0.89	40.98	41.97	0.99
2006	51.86	50.98	0.88	40.61	41.62	1.01
2007	50.14	49.31	0.83	41.24	42.21	0.97
2008	49.22	48.43	0.79	43.21	44.12	0.91
2009	49.37	48.59	0.78	46.33	47.18	0.85
2010	48.45	47.64	0.81	47.88	48.75	0.87
2011	49.59	48.77	0.82	48.01	48.86	0.85
2012	50.11	49.16	0.95	47.18	48.19	1.01
2013	50.31	49.34	0.97	47.25	48.27	1.02
2014	50.73	49.80	0.93	46.77	47.75	0.98
2015	51.61	50.68	0.93	44.94	45.94	1

表 7-9 列示了按不变价计算的最终消费和资本形成总额占比。从中可以发现，资本化后，2001~2015 年，最终消费率呈先下降后上升的趋势；资本形成总额占比呈上升趋势。同时，同一年份的最终消费率大于资本形成总额占比，在 2015 年使不变价最终消费率降低了 1.5%，资本形成占比提高了 1%。

表 7-9 按不变价计算的全国最终消费和资本形成总额占比 单位：%

年份	最终消费率			资本形成总额占比		
	资本化前	资本化后	降低点数	资本化前	资本化后	提高点数
2001	61.3	60.4	0.9	36.6	37.6	1.0
2002	61.1	59.7	1.4	37.3	38.8	1.5
2003	58.8	57.8	1.1	41.0	42.1	1.1
2004	57.6	56.6	1.0	43.8	44.8	1.0
2005	57.6	56.4	1.2	43.1	44.2	1.1
2006	57.0	55.8	1.2	43.7	44.9	1.2

续表

年份	最终消费率			资本形成总额占比		
	资本化前	资本化后	降低点数	资本化前	资本化后	提高点数
2007	56.7	55.5	1.2	46.0	47.2	1.2
2008	56.7	55.6	1.1	47.7	48.8	1.1
2009	57.2	56.1	1.1	52.4	53.3	0.9
2010	58.1	56.9	1.2	55.9	56.8	0.9
2011	61.0	59.7	1.3	56.8	57.7	0.9
2012	61.5	60.0	1.5	56.6	57.6	1.1
2013	61.6	60.0	1.6	57.7	58.8	1.1
2014	61.4	59.9	1.5	57.4	58.4	1.0
2015	63.1	61.6	1.5	57.5	58.5	1.0

R&D 资本形成总额主要来自企业发展，由于企业没有注重 R&D 投入，因此，R&D 固定资本形成的占比较低，这主要是由中国属于劳动密集型国家的比较优势决定的。随着中国企业实力的增强，企业技术水平越来越接近世界先进水平，企业加大 R&D 投入力度明显提升了 R&D 资本存量在 GDP 中的比重。

（五）对贡献率的影响

贡献率是分析经济效益的一个指标，等于产出量与投入量之比；贡献率还可用来分析某因素所带来的经济增长。

$$消费贡献率（\%）=消费增加量/GDP 增加量 \times 100\% \quad (7-1)$$
$$投资贡献率（\%）=投资增加量/GDP 增加量 \times 100\% \quad (7-2)$$

从表 7-10 可以看出，R&D 资本化后使得消费对经济增长的贡献率降低，投资对经济增长的贡献率提高。2002~2015 年消费与投资对经济增长的贡献率，均存在上升趋势。2015 年最终消费贡献率资本化前为 63.15%，资本化后贡献率为 62.17%，降低了 0.98 个百分点。2015 年资本形成贡献率资本化前为 20.95%，资本化后为 22.18%，提高了 1.23 个百分点。

表 7 - 10　按当年价计算的 R&D 资本化前、资本化后对经济增长贡献情况　　单位: %

年份	最终消费贡献率			资本形成总额贡献率		
	资本化前	资本化后	降低点数	资本化前	资本化后	提高点数
2002	50.00	46.46	3.54	43.03	47.06	4.03
2003	33.98	34.31	- 0.33	66.82	66.50	- 0.32
2004	39.19	38.60	0.59	55.61	56.28	0.67
2005	46.74	45.42	1.32	30.68	32.63	1.95
2006	41.48	40.66	0.82	38.38	39.61	1.23
2007	42.58	41.98	0.60	44.01	44.80	0.79
2008	44.03	43.45	0.58	54.31	54.91	0.60
2009	50.96	50.27	0.69	79.72	80.00	0.28
2010	43.19	42.25	0.94	56.78	57.71	0.93
2011	55.79	54.95	0.84	48.68	49.46	0.78
2012	54.76	52.45	2.31	39.88	42.42	2.54
2013	52.21	51.13	1.08	47.94	49.02	1.08
2014	55.71	55.38	0.33	41.11	41.46	0.35
2015	63.15	62.17	0.98	20.95	22.18	1.23

二、省份层面的影响

R&D 资本化后会对各省份消费和投资均产生影响。从表 7 - 11 可以看出，2015 年北京的最终消费率资本化前为 63%，资本化后为 61.86%，资本化后降低了 1.14 个百分点；山东的最终消费率资本化前为 41.50%，资本化后为 40.56%，资本化后降低了 0.94 个百分点。2015 年北京的资本化前投资率为 36.9%，资本化后投资率为 38.05%，投资率提高了 1.15 个百分点；浙江资本化前投资率为 44%，资本化后投资率为 45.3%，提高了 1.3 个百分点。比较特殊的是青海和宁夏，资本化后投资率有所降低，这是因为这两个地区的资本形成总额超过了该地区的国内生产总值，投资率大于 1，R&D 资本化后资本形成总额继续增加，导致投资率不增反减。

表 7－11　　　　　2015 年资本化前、资本化后最终消费率、投资率　　　　单位：%

省份	资本化前最终消费率	资本化后最终消费率	降低点数	资本化前投资率	资本化后投资率	提高点数
北京	63.00	61.86	1.14	36.90	38.05	1.15
天津	43.30	42.09	1.21	66.50	67.42	0.92
河北	44.30	43.81	0.49	58.20	58.66	0.46
山西	55.90	55.36	0.54	72.60	72.87	0.27
内蒙古	41.80	41.50	0.30	78.70	78.87	0.17
辽宁	45.40	44.89	0.51	44.00	44.61	0.61
吉林	36.10	35.81	0.29	70.70	70.92	0.22
黑龙江	59.60	59.17	0.43	64.70	64.98	0.28
上海	59.10	57.36	1.74	38.00	39.87	1.87
江苏	50.00	48.59	1.41	43.60	45.21	1.61
浙江	48.80	47.70	1.10	44.00	45.30	1.30
安徽	49.90	48.99	0.91	51.40	52.25	0.85
福建	39.80	39.15	0.65	58.30	58.93	0.63
江西	50.30	49.83	0.47	49.80	50.27	0.47
山东	41.50	40.56	0.94	56.50	57.47	0.97
河南	50.60	50.05	0.55	76.40	76.61	0.21
湖北	44.20	43.48	0.72	55.80	56.49	0.69
湖南	51.10	50.38	0.72	53.80	54.43	0.63
广东	51.10	49.92	1.18	41.70	43.07	1.37
广西	52.80	52.55	0.25	68.20	68.33	0.13
海南	60.60	60.28	0.32	62.60	62.75	0.15
重庆	47.70	46.90	0.80	53.70	54.50	0.80
四川	52.50	52.02	0.48	49.30	49.72	0.42
贵州	56.70	56.45	0.25	67.60	67.80	0.20
云南	65.00	64.70	0.30	92.60	92.60	0.00
陕西	45.50	45.02	0.48	66.00	66.33	0.33
甘肃	64.40	63.90	0.50	65.50	65.79	0.29
青海	61.50	61.25	0.25	139.60	139.45	－0.15
宁夏	59.10	58.59	0.51	124.35	124.15	－0.20
新疆	60.50	60.22	0.28	94.20	94.24	0.04

从表 7 - 12 可以发现，2015 年各地区 R&D 资本化后消费、投资对经济增长的拉动作用发生了很大变化，尤其是辽宁、海南、天津、北京地区投资拉动点数分别为 17.13、13.83、11.62、6.61。但有些地区对经济增长的拉动度为负值，如河北、黑龙江、甘肃、新疆，这是因为这些地区 2015 年生产总值降低了，导致由消费带来的拉动度也为负。

表 7 - 12　　　　　　　2015 年各地区消费、投资对经济增长的拉动度　　　　单位：%

省份	资本化前消费拉动度	资本化后消费拉动度	降低点数	资本化前投资拉动度	资本化后投资拉动度	增加点数
北京	5.51	0.42	5.09	0.81	7.42	6.61
天津	5.74	0.28	5.46	- 6.65	4.97	11.62
河北	2.24	0.03	2.21	0.07	- 2.69	- 2.76
山西	6.03	- 0.02	6.05	- 0.15	0.26	0.41
内蒙古	1.66	0.01	1.65	1.63	0.40	- 1.23
辽宁	2.89	- 0.01	2.90	- 17.34	- 0.21	17.13
吉林	1.27	0.07	1.20	4.22	5.65	1.43
黑龙江	0.72	- 0.01	0.73	2.11	- 1.25	- 3.36
上海	4.23	0.26	3.97	3.15	5.90	2.75
江苏	6.11	0.49	5.62	1.70	11.03	9.33
浙江	3.91	0.27	3.64	2.86	7.48	4.62
安徽	4.00	0.23	3.77	2.24	6.60	4.36
福建	4.28	0.34	3.94	4.10	8.13	4.03
江西	9.27	1.49	7.78	7.53	16.45	8.92
山东	3.28	0.20	3.08	3.26	6.53	3.27
河南	5.36	0.32	5.04	2.99	6.16	3.17
湖北	4.31	0.38	3.93	4.83	9.37	4.54
湖南	8.48	0.59	7.89	- 0.19	3.74	3.93
广东	4.85	0.34	4.51	2.14	6.24	4.10
广西	4.41	0.31	4.10	4.19	7.06	2.87
海南	14.85	0.85	14.00	- 8.10	5.73	13.83
重庆	5.18	0.47	4.71	3.87	7.29	3.42
四川	4.36	0.23	4.13	1.44	5.83	4.39

续表

省份	资本化前消费拉动度	资本化后消费拉动度	降低点数	资本化前投资拉动度	资本化后投资拉动度	增加点数
贵州	7.22	0.96	6.26	10.75	13.42	2.67
云南	5.06	0.32	4.74	7.31	6.38	-0.93
陕西	2.17	0.04	2.13	-0.52	1.84	2.36
甘肃	4.95	-0.03	4.98	4.41	-0.63	-5.04
青海	14.40	0.64	13.76	15.61	4.35	-11.26
宁夏	9.12	0.53	8.59	18.80	5.78	-13.02
新疆	6.64	0.03	6.61	5.39	0.51	-4.88

三、对东部、中部、西部经济指标的影响

(一) 消费率和投资率的变化

从表 7 - 13 可以发现,R&D 资本化后消费率情况为东部地区最低、中部地区次之、西部地区最高。东部地区经济发展水平较高,R&D 投入比例较高,资本化后消费率降低点数相比中部、西部来说明显偏高。西部地区地理位置相对偏远,R&D 投入比例较低,资本化后消费降低点数也较少。

表 7 - 13 　　　　　　　　　分地区消费率　　　　　　　　单位:%

年份	东部			中部			西部		
	资本化前	资本化后	降低点数	资本化前	资本化后	降低点数	资本化前	资本化后	降低点数
2001	50.44	49.90	0.54	58.95	58.64	0.31	65.26	64.81	0.45
2002	50.89	49.75	1.14	58.54	58.17	0.37	64.88	64.45	0.43
2003	49.47	48.64	0.83	57.67	57.29	0.38	62.37	61.90	0.47
2004	47.68	46.91	0.77	54.60	54.20	0.40	60.39	59.88	0.51
2005	46.18	45.35	0.83	52.56	52.09	0.47	59.37	58.83	0.54
2006	45.54	44.71	0.83	50.40	49.96	0.44	57.48	56.96	0.52
2007	45.01	44.18	0.83	48.88	48.45	0.43	55.64	55.12	0.52
2008	44.62	43.80	0.82	46.96	46.49	0.47	53.58	53.07	0.51

年份	东部			中部			西部		
	资本化前	资本化后	降低点数	资本化前	资本化后	降低点数	资本化前	资本化后	降低点数
2009	45.40	44.55	0.85	47.49	47.05	0.44	53.79	53.30	0.49
2010	44.90	44.06	0.84	45.87	45.44	0.44	52.34	51.68	0.66
2011	44.83	43.97	0.86	45.00	44.57	0.43	51.28	50.76	0.52
2012	45.85	44.87	0.98	45.42	44.94	0.48	51.89	51.15	0.74
2013	46.61	45.52	1.09	46.96	46.44	0.52	51.97	51.40	0.57
2014	47.14	46.12	1.02	46.62	46.09	0.53	52.33	51.79	0.54
2015	48.63	47.61	1.02	48.63	48.07	0.56	54.42	53.93	0.49

与消费率正好相反，R&D 资本化后固定资本形成总额增加，投资率增加。从表 7 – 14 可以看出，资本化前后，东部地区投资率提高的点数明显高于中部和西部地区。其中，2015 年，东部地区资本化前投资率为 48.6%，资本化后投资率为 49.68%，提高了 1.08 个百分点；中部地区资本化前投资率为 63.38%，资本化后投资率为 63.81%，提高了 0.43 个百分点；西部地区资本化前投资率为 68.65%，资本化后投资率为 68.93%，提高了 0.28 个百分点。

表 7 – 14　　　　　　　　　　分地区投资率　　　　　　　　　　单位：%

年份	东部			中部			西部		
	资本化前	资本化后	提高点数	资本化前	资本化后	提高点数	资本化前	资本化后	提高点数
2001	42.48	43.09	0.61	38.58	38.91	0.33	46.04	46.41	0.37
2002	42.13	43.42	1.29	39.67	40.05	0.38	46.67	47.02	0.35
2003	44.51	45.44	0.93	40.86	41.25	0.39	49.95	50.33	0.38
2004	46.65	47.51	0.86	44.57	44.98	0.41	50.5	50.92	0.42
2005	47.16	48.11	0.95	47.04	47.51	0.47	51.79	52.23	0.44
2006	46.69	47.67	0.98	49.55	49.99	0.44	52.58	53.01	0.43
2007	46.55	47.53	0.98	52.83	53.25	0.42	53.07	53.51	0.44
2008	46.95	47.93	0.98	55.83	56.26	0.43	55.57	55.99	0.42
2009	50.29	51.22	0.93	60.85	61.21	0.36	59.99	60.36	0.37
2010	51.27	52.17	0.90	61.65	62.01	0.36	62.27	62.75	0.48

续表

年份	东部			中部			西部		
	资本化前	资本化后	提高点数	资本化前	资本化后	提高点数	资本化前	资本化后	提高点数
2011	51.75	52.67	0.92	61.62	61.99	0.37	62.37	62.75	0.38
2012	51.89	52.92	1.03	63.81	64.19	0.38	64.53	65.03	0.5
2013	51.86	52.98	1.12	66.62	67	0.38	66.47	66.84	0.37
2014	51.13	52.2	1.07	64.35	64.76	0.41	67.96	68.29	0.33
2015	48.6	49.68	1.08	63.38	63.81	0.43	68.65	68.93	0.28

（二）对 GDP 三大需求结构的影响测度

1. 消费贡献率

从表 7－15 可以发现，2001～2015 年，消费对地区经济增长的贡献率存在较大的波动。其中，2015 年东部地区资本化前消费贡献率为 48.63%，资本化后消费贡献率为 47.61%，降低了 1.02 个百分点；中部地区资本化前消费贡献率为 48.63%，资本化后消费贡献率为 48.07%，降低了 0.56 个百分点；西部地区消费贡献率为 54.42%，资本化后消费贡献率为 53.93%，降低了 0.49 个百分点。

表 7－15 分地区消费贡献率 单位：%

年份	东部			中部			西部		
	资本化前	资本化后	降低点数	资本化前	资本化后	降低点数	资本化前	资本化后	降低点数
2001	54.74	48.63	6.11	54.36	53.50	0.86	61.26	60.96	0.30
2002	40.77	41.54	-0.77	51.31	50.85	0.46	44.12	43.53	0.59
2003	38.73	38.23	0.50	39.93	39.51	0.42	50.39	49.70	0.69
2004	38.33	37.25	1.08	41.78	41.06	0.72	53.21	52.50	0.71
2005	41.80	41.00	0.80	39.00	38.73	0.27	46.35	45.96	0.39
2006	42.25	41.42	0.83	41.48	41.08	0.40	46.69	46.19	0.50
2007	42.49	41.68	0.81	38.13	37.58	0.55	44.12	43.62	0.50
2008	53.94	52.77	1.17	52.77	52.69	0.08	55.84	55.65	0.19
2009	42.13	41.40	0.73	38.33	37.90	0.43	45.65	44.34	1.31

续表

年份	东部			中部			西部		
	资本化前	资本化后	降低点数	资本化前	资本化后	降低点数	资本化前	资本化后	降低点数
2010	44.46	43.44	1.02	41.00	40.58	0.42	46.73	46.78	-0.05
2011	56.93	54.39	2.54	49.18	48.25	0.93	56.04	53.74	2.30
2012	55.14	52.65	2.49	66.66	65.34	1.32	52.64	53.55	-0.91
2013	53.39	53.28	0.11	42.72	42.17	0.55	55.93	55.67	0.26
2014	73.11	72.38	0.73	83.85	82.35	1.50	92.87	94.43	-1.56
2015	48.63	47.61	1.02	48.63	48.07	0.56	54.42	53.93	0.49

2. 投资贡献率

从表 7-16 可以发现，2001~2015 年，资本化后投资对经济增长的贡献率整体趋势是上升的。其中，2015 年东部地区投资贡献率资本化前为 47%，资本化后为 47.93%，提高了 0.93 个百分点；中部地区投资贡献率资本化前为 46.46%，资本化后为 47.41%，提高了 0.95 个百分点；西部地区投资贡献率资本化前为 81.38%，资本化后为 81.06%，降低了 0.32 个百分点。通过比较发现，东部、中部、西部地区投资对经济增长的贡献率存在较大差距，东部地区、中部地区投资贡献率相比于西部地区明显偏小。这是由于西部地区生产总值基数小，投入少量的 R&D 资本，就会引起固定资本形成较大的变化。

表 7-16　　　　　　　　　　分地区投资贡献率　　　　　　　　　单位：%

年份	东部			中部			西部		
	资本化前	资本化后	提高点数	资本化前	资本化后	提高点数	资本化前	资本化后	提高点数
2001	—	—	—	—	—	—	—	—	—
2002	39.14	45.93	6.79	50.82	51.60	0.78	52.82	53.05	0.23
2003	59.01	58.24	-0.77	49.57	50.02	0.45	73.77	74.12	0.35
2004	57.39	57.95	0.56	62.30	62.70	0.40	53.29	53.92	0.63
2005	49.80	51.20	1.40	60.01	60.70	0.69	59.50	60.04	0.54
2006	43.99	45.06	1.07	62.85	63.11	0.26	57.27	57.63	0.36
2007	45.79	46.85	1.06	68.83	69.13	0.30	55.45	55.93	0.48
2008	49.17	50.14	0.97	69.56	70.00	0.44	67.05	67.42	0.37

续表

年份	东部			中部			西部		
	资本化前	资本化后	提高点数	资本化前	资本化后	提高点数	资本化前	资本化后	提高点数
2009	87.05	87.34	0.29	110.88	110.86	-0.02	103.84	103.82	-0.02
2010	56.66	57.42	0.76	65.38	65.77	0.39	72.78	73.56	0.78
2011	54.49	55.53	1.04	61.46	61.86	0.40	62.78	62.74	-0.04
2012	53.45	55.53	2.08	83.60	83.91	0.31	79.33	80.18	0.85
2013	51.50	53.69	2.19	102.55	102.50	-0.05	83.13	82.84	-0.29
2014	42.53	42.65	0.12	38.39	39.19	0.80	82.51	82.59	0.08
2015	47.00	47.93	0.93	46.46	47.41	0.95	81.38	81.06	-0.32

3. 对拉动度的影响测度

（1）消费拉动度。

从表 7-17 可以发现，资本化后，2001～2015 年各地区消费拉动度呈现先上升后下降的波动。其中，2015 年东部地区资本化前消费拉动度为 4.46%，资本化后为 4.41%，降低了 0.05 个百分点；中部地区资本化前消费拉动度为 4.79%，资本化后为 4.71%，降低了 0.08 个百分点。

表 7-17　　　　　　　　　　分地区消费拉动度　　　　　　　　　单位：%

年份	东部			中部			西部		
	资本化前	资本化后	降低点数	资本化前	资本化后	降低点数	资本化前	资本化后	降低点数
2001	—	—	—	—	—	—	—	—	—
2002	6.48	5.76	0.72	5.33	5.25	0.08	6.30	6.27	0.03
2003	6.69	6.81	-0.12	7.02	6.96	0.06	6.08	6.00	0.08
2004	7.74	7.63	0.11	8.36	8.27	0.09	9.95	9.82	0.13
2005	7.33	7.12	0.21	7.94	7.80	0.14	8.84	8.73	0.11
2006	7.13	6.99	0.14	7.38	7.33	0.05	7.89	7.82	0.07
2007	8.16	8.00	0.16	8.50	8.42	0.08	9.58	9.48	0.10
2008	7.61	7.47	0.14	8.32	8.20	0.12	9.57	9.46	0.11
2009	4.90	4.79	0.11	5.30	5.29	0.01	5.64	5.62	0.02
2010	7.67	7.54	0.13	8.23	8.13	0.10	9.89	9.61	0.28

续表

年份	东部			中部			西部		
	资本化前	资本化后	降低点数	资本化前	资本化后	降低点数	资本化前	资本化后	降低点数
2011	7.76	7.58	0.18	8.84	8.75	0.09	10.88	10.89	-0.01
2012	5.23	5.00	0.23	5.44	5.34	0.10	8.19	7.85	0.34
2013	4.95	4.73	0.22	5.22	5.12	0.10	6.13	6.24	-0.11
2014	4.50	4.49	0.01	3.74	3.69	0.05	5.72	5.69	0.03
2015	4.46	4.41	0.05	4.79	4.71	0.08	5.04	5.12	-0.08

（2）投资拉动度。

从表 7-18 可以发现，2001~2015 年投资拉动度波动明显。2015 年投资拉动度相对于其他年份明显偏低，主要是由于 2015 年消费增量相对于我国 GDP 增量明显偏小。

表 7-18　　　　　　　　　　　　分地区投资拉动度　　　　　　　　　　单位：%

年份	东部			中部			西部		
	资本化前	资本化后	提高点数	资本化前	资本化后	提高点数	资本化前	资本化后	提高点数
2001	—	—	—	—	—	—	—	—	—
2002	4.63	5.44	0.81	4.98	5.06	0.08	5.43	5.46	0.03
2003	9.68	9.55	-0.13	6.78	6.84	0.06	10.17	10.22	-0.05
2004	11.46	11.57	0.11	13.04	13.12	0.08	10.52	10.65	0.13
2005	9.52	9.79	0.27	11.41	11.54	0.13	9.89	9.98	0.09
2006	7.50	7.69	0.19	11.90	11.95	0.05	9.75	9.81	0.06
2007	8.84	9.05	0.21	14.11	14.17	0.06	11.38	11.48	0.10
2008	8.81	8.98	0.17	15.19	15.28	0.09	14.55	14.63	0.08
2009	7.91	7.93	0.02	11.13	11.13	0.00	10.49	10.48	-0.01
2010	10.31	10.45	0.14	14.03	14.12	0.09	15.77	15.94	0.17
2011	9.51	9.69	0.18	13.25	13.34	0.09	14.62	14.61	-0.01
2012	4.91	5.10	0.19	9.25	9.28	0.03	11.58	11.71	0.13
2013	4.62	4.82	0.20	8.04	8.04	0.00	9.69	9.65	-0.04
2014	3.59	3.60	0.01	3.36	3.43	0.07	8.44	8.45	0.01
2015	0.43	0.48	0.05	2.65	2.71	0.05	4.41	4.39	-0.02

第三节 各地区 R&D 资本与经济增长

研究区域经济增长，首先需要确定区域间有无空间自相关。若有，则建立空间计量经济模型；若无，则建立经典计量经济模型。空间相关性包括全局空间相关和局部空间相关。

一、变量相关性分析

（一）空间权重矩阵

定义空间权重矩阵的方法有很多，包括邻接关系权重 w_{ij}、地理距离权重以及地理距离与经济距离的加权。这里我们选择邻接关系权重，当 i 地区与 j 地区相邻时，定义为 $w_{ij}=1$，当 i 地区与 j 地区不相邻时，定义为 $w_{ij}=0$，主对角线上全部为 0，按照行和为 1，对矩阵标准化，得到相邻单位对本单位的空间权重矩阵。空间权重矩阵在某个距离范围内，则认为两区域之间存在相邻关系；超出距离，则认为两区域不相邻。

（二）空间相关性指标

Moran's I 指数常用于分析测度空间相关性指标，描述整个系统内部空间数据的全局相关性。其计算公式如下：

$$I = \frac{n \sum_{i=1}^{n} \sum_{j=1}^{n} w_{ij} (y_i - \bar{y})(y_j - \bar{y})}{\sum_{i=1}^{n} \sum_{j=1}^{n} w_{ij}} \quad (7-3)$$

其中，n 是空间区域的数量，y_i 是空间内第 i 个区域的变量值，y_j 是空间内第 j 个区域的变量值，区域 i 与区域 j 根据地理位置确定的空间权重系数为 w_{ij}，$\bar{y}$ 是 n 个区域的算术平均值。

Moran's I 指数取值范围在 $[-1,1]$。数值大于 0 表示存在空间正相关，越接近于 1 表示存在相似集聚，即高—高、低—低相邻。数值小于 0 时表示存在空间负相关，越接近于 -1 表示存在相异集聚，即高—低、低—高相邻。数值越接近于 0，表示某地区与邻近地区不存在空间相关性。

(三) R&D 强度相关性分析

1. 全局空间自相关检验

运用 GeoDa 软件计算 2001 ～ 2015 年我国省域资本化前后 R&D 强度的全局自相关指数 Mora's I 值（见表 7 – 19）。

表 7 – 19　　　　　　　　　　R&D 资本的 Moran's I 值

年份	Moran's I 值	P 值
2001	0.0791	0.0331
2002	0.1082	0.0171
2003	0.1208	0.0139
2004	0.1825	0.0318
2005	0.2556	0.0287
2006	0.2817	0.0191
2007	0.2878	0.0252
2008	0.3781	0.0151
2009	0.3382	0.0224
2010	0.4013	0.0231
2011	0.0825	0.0114
2012	0.3717	0.0248
2013	0.3882	0.0191
2014	0.3923	0.0154
2015	0.3951	0.0131

通过表 7 – 19 可以发现，2001 ～ 2015 年各年份的 Moran's I 指数均为正，变化范围位于 0.0791 ～ 0.4013 区间，大体呈上升趋势，通过 P 值发现是显著的，说明各省份的 R&D 强度存在正向关系。

2. 局部空间自相关检验

为了更直观地展示 R&D 经费投入强度在空间上的相关关系，我们分别对 2001 年和 2015 年资本化后中国各省份的 R&D 强度，作局域空间自相关分析。

空间集聚分为 5 类：（1）不显著：表示此地区与其他地区之间的空间相关性不显著；（2）高 – 高：表示该地区的 R&D 资本化强度较高，其相邻地区的 R&D 强度也较高；（3）低 - 低：表示该地区的 R&D 资本化强度较低，其相邻地区的 R&D 强度也较低；（4）低 - 高：表示该地区的 R&D 资本化强度较低，其相邻地区的 R&D 强度较高；（5）高 - 低：表示该地区的 R&D 强度较高，而相邻地区的 R&D 强度较低。

2001 年 R&D 投入强度空间自相关分析表明：吉林、辽宁、山西、安徽四省 R&D 资本化强度较高，并且差异不大；内蒙古、山西、河北三省 R&D 强度水平较低，空间差异程度不大；青海与周围地区 R&D 强度相差较大、地区间不平衡；其余 22 个地区无明显相似或不同的属性。

2015 年 R&D 投入强度空间自相关分析表明：山东、安徽、江苏、浙江、福建五省 R&D 强度水平较高，并且差异不大；青海 R&D 强度水平较低，河北、江西 R&D 强度水平相差较大，其余地区无明显相似或不同属性。

综上所述，我国大陆 30 个地区（不包括西藏）的 R&D 强度水平存在较大差异，2015 年处于东部地区的山东、江苏、浙江、福建以及处于中部地区的安徽具有较高的 R&D 强度，而青海 R&D 投入强度不足，整体经济较不发达。

（四）经济增长的空间相关性检验

1. 我国 30 个地区 GDP 的 Moran's I 值

表 7 - 20 列示了我国 30 个地区的 2001 ~ 2015 年的 GDP 经济变量 Moran's I 值。从中可以看出，各地区的 GDP 经济变量 Morans' I 指数表现出空间正相关性，说明 GDP 的分布不是处于一种无规则状态，而是表现出相似空间集聚。经济发达地区向经济发达地区集聚，经济不发达地区与经济不发达地区存在集聚。因此，在分析经济增长关系时，必须考虑空间依赖性。

表 7 - 20　我国 30 个地区 2001 ~ 2015 年的 GDP 经济变量 Moran's I 值

年份	Moran's I 值	P 值
2001	0.2969	0.0060
2002	0.2949	0.0009
2003	0.2892	0.0120
2004	0.2884	0.0110
2005	0.2833	0.0140
2006	0.2806	0.0060

年份	Moran's I 值	P 值
2007	0.2810	0.0120
2008	0.2837	0.0120
2009	0.2834	0.0070
2010	0.2817	0.0160
2011	0.2784	0.0050
2012	0.2787	0.0006
2013	0.2798	0.0070
2014	0.2824	0.0080
2015	0.2846	0.0140

2. 局部空间自相关

在全局相关性分析中，我们发现各省份 GDP 表现出了较显著的正相关性。下面我们通过 Moran's I 散点图（图7-6、图7-7）来展示各区域和周边的相关关系。

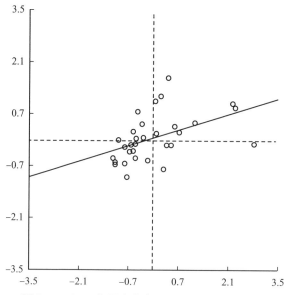

图7-6　2001年国内生产总值 Moran's I 散点图

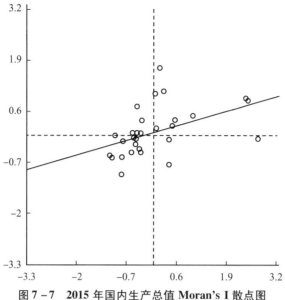

图 7 - 7　2015 年国内生产总值 Moran's I 散点图

　　横轴表示地区生产总值；纵轴表示空间滞后项。散点图分布在四个象限的含义分别为：第一象限为"高—高"、第二象限为"低—高"、第三象限为"低—低"、第四象限为"高—低"，各个城市依据自身发展水平以及邻市状况表现在各个象限中。

　　表 7 - 21 列示了各省份 2001 年与 2015 年 GDP 的象限分布情况。从中可知，2001 年第一象限有河北、上海、江苏、浙江、山东、河南、湖南、安徽、福建 9 个省市，这些省市除了自身经济得到发展外，对周边地区的经济发展也产生较高的影响，呈现出了"高—高"聚集。这些省市主要集中在东部地区，东部地区城市拥有独特的地理优势、便捷的交通、良好的经济文化氛围，带动了本地区及周边区域的经济发展。2001 年第三象限有内蒙古、黑龙江、吉林、重庆、贵州、陕西、云南、西藏、青海、宁夏、甘肃、新疆，这些地区地理位置相对偏远，经济发展水平相对比较落后，呈现出了"低—低"聚集。与 2001 年相比，2015 年 GDP 相关性象限分布没有发生变化，聚集程度有更集中化趋势。

表 7 – 21 各省份 GDP 相关性象限分布

象限	2001 年	2015 年
第一象限（高—高）	河北、上海、江苏、浙江、山东、河南、湖南、安徽、福建	河北、上海、江苏、浙江、山东、河南、湖南、安徽、福建
第二象限（低—高）	北京、天津、山西、江西、广西	北京、天津、江西、广西、山西
第三象限（低—低）	内蒙古、黑龙江、吉林、重庆、贵州、陕西、云南、西藏、青海、宁夏、甘肃、新疆	内蒙古、黑龙江、吉林、重庆、贵州、陕西、云南、西藏、青海、宁夏、甘肃、新疆
第四象限（高—低）	湖北、辽宁、广东、四川	湖北、辽宁、广东、四川
介于第二、第三象限	海南	海南

Moran's I 散点图主要体现了国内生产总值的空间相关性，经济增长呈现同向聚集趋势，但并没有显示各省份的空间相关性的显著性水平，我们通过 LISA 的显著性检验进一步补充说明。结果显示多个省份表现出"高—高"、"低—低"的正相关聚集，其中表现为"高—高"聚集的主要是山东、安徽、江苏、浙江和福建，表现为"低—低"聚集的主要是内蒙古、甘肃、宁夏。

综上，各地区的 R&D 固定资本形成纳入 GDP 核算对相关经济变量产生了影响。通过相关性分析，发现各地区的 R&D 强度和生产总值都表现除了空间相关性，接下来我们将空间因素纳入影响因素进行分析。

二、R&D 资本化与经济增长模型的构建

（一）模型的分类

前文分析了各地区经济发展之间的空间关联性，表明应建立空间计量模型来测度各因变量对经济发展的影响。我们引入 R&D 资本与人力资本指标，将生产函数模型扩展为：

$$Y_{it} = AK_{it}^{\alpha}L_{it}^{\beta}R_{it}^{\gamma}H_{it}^{\lambda}e^{\varepsilon} \qquad (7-4)$$

其中，Y_{it} 表示总产出，A 表示技术进步水平，K_{it} 表示生产过程中投入的物质资本，L_{it} 表示投入的劳动力，R_{it} 表示 R&D 投入，H_{it} 表示人力资本投入，α 表示物质资本弹性，β 表示劳动力资本弹性，γ 表示 R&D 资本投入产出弹性，λ 为人力资本弹性，ε_{it} 表示随机误差，将等式两边同时取对数，得到：

$$LNY_{it} = a_{it} + \alpha LNL_{it} + \beta LNK_{it} + \gamma LNR_{it} + \delta LNH_{it} + \varepsilon_{it} \qquad (7-5)$$

我们利用式（7 - 5）研究 R&D 资本化对 GDP 的影响。2001 ～ 2015 年我国各省份国内生产总值作为衡量经济增长的指标记为 Y_{it}，各省就业人员作为劳动力投入记为 L_{it}，各省份固定资本存量记为 K_{it}，各省份的 R&D 资产投资记为 R_{it}。

根据空间计量经济理论，空间线性模型为：

$$LNY_{it} = \alpha_{it} + \rho W_{ij} LNY_{it} + \alpha LNL + \beta LNK + \gamma LNR + \delta LNH + \varepsilon_{it} \quad (7 - 6)$$

在模型中引入空间误差的空间滞后项，形成空间误差模型（SEM），模型表达式为：

$$LNY_{it} = a_{it} + \alpha LNL_{it} + \beta LNK_{it} + \gamma LNR_{it} + \delta LNH_{it} + \mu_{it} \quad (7 - 7)$$

$$\mu_{it} = \lambda W_{ij} \mu_{it} + \varepsilon_{it} \quad (7 - 8)$$

在模型中引入自变量的空间滞后项和因变量的空间滞后项，形成空间杜宾模型（SDM），表达式为：

$$LNY_{it} = a_{it} + \rho WLNY_{it} + \alpha_1 LNL_{it} + \beta_1 LNK_{it} + \gamma_1 LNR_{it} + \delta_1 LNH_{it}$$
$$+ \alpha_2 WLNL_{it} + \beta_2 WLNK_{it} + \gamma_2 WLNR_{it} + \delta_2 WLNH_{it} + \varepsilon_{it} \quad (7 - 9)$$

（二）指标的选取

1. 总产出和劳动力的确定

在生产函数中，Y 表示要素组合投入下给企业带来的最大产出水平，我们通过《中国统计年鉴》查找各地区及全国对应的生产总值，利用 GDP 价格缩减指数，求得不变价 GDP 即为 Y；L 代表投入的劳动力人数，由于我国公布的数据中没有劳动力投入的指标，我们只能通过《中国劳动统计年鉴》查找 2001 ～ 2015 年的就业人口数据指标，得到 2001 ～ 2015 年投入的劳动力人数。

2. R&D 资本存量计算方法

R&D 价格指数构造方法同本章第一节。

R&D 资本存量的测算采用永续盘存法。通过计算，我们可以得到 30 个省份 2001 ～ 2015 年的 R&D 资本存量，其中 2015 年 R&D 资本存量见表 7 - 22。

表 7 - 22	2015 年 R&D 资本存量		单位：亿元
省份	资本存量	省份	资本存量
北京	1063.54	河南	617.77
天津	957.84	湖北	638.80
河北	492.56	湖南	488.98

省份	资本存量	省份	资本存量
山西	253.20	广东	3162.98
内蒙古	189.10	广西	164.29
辽宁	749.87	海南	60.10
吉林	239.30	重庆	712.01
黑龙江	210.69	四川	426.25
上海	1661.02	贵州	73.71
江苏	3105.39	云南	92.40
浙江	1490.61	陕西	285.75
安徽	543.97	甘肃	80.99
福建	692.89	青海	22.16
江西	243.39	宁夏	45.21
山东	2160.11	新疆	71.43

从表 7-22 可知，2015 年 R&D 资本存量，广东省最多，达到 3162.98 亿元；江苏省次之，为 3105.39 亿元，青海、宁夏、新疆地区 R&D 资本存量分别为 22.16 亿元、45.21 亿元、71.43 亿元，可以看出经济发达地区的 R&D 资本存量较高、经济不发达地区的 R&D 资本存量相对较低。

3. 人力资本的测算

人力资本的测算采用教育年限法，对教育年限赋值，分为：未受过教育 0 年、仅受过小学教育 6 年、接受教育水平初中 9 年、达到高中教育水平 12 年和专科以上学历 15 年，计算公式如下：

$$H_{it} = 0 \cdot L_{it} + 6 \cdot M_{it} + 9 \cdot SH_{it} + 12 \cdot JH_{it} + 15 \cdot GH_{it} \qquad (7-10)$$

其中，L_{it} 为就业人员中未受过教育的占比、M_{it} 为就业人员中受过小学教育的占比、SH_{it} 为就业人员中受过初中教育的占比、JH_{it} 为就业人员中受过高中教育的占比、GH_{it} 为就业人员中受过专科以上教育的占比。

（三）模型的确定

我们利用莫兰指数判定经济存在空间关联性，接着用拉格朗日乘子 LM 检验和稳健的拉格朗日乘子 Robust LM 检验，判断模型是采用普通面板模型还是采用空间面板模型。通过 LM 检验，若 LM lag 与 LM error 均显著，再确定是采用 SLM 模型还是 SEM 模型，若均不显著则采用普通面板模型。若 LM lag 比 LM error 显著，采用 SLM 模型，反之采用 SEM 模型。然后，通过 Wald 检验确定是否采用空间杜宾模型（SDM），若各统计量都被拒绝，则采用 SDM 模型。

1. 空间面板的 LM、Robust LM 检验结果

通过 LM 检验，发现 SEM 模型和 SLM 模型均通过了显著性检验，进一步证实了应该将空间因素纳入面板模型分析。运用空间面板模型进行估计将不再是有偏估计，更能客观反映各经济变量对模型的影响（见表 7 - 23）。LM、Robust 检验在 1% 的显著性水平下，均通过检验，说明应建立空间计量模型。

表 7 - 23　　　　　　　　　　空间面板模型检验结果

检验指标	T 统计值	相应 P 值
LM lag	85. 4647	0. 0000
Robust LM lag	64. 3462	0. 0000
LM error	42. 3786	0. 0000
Robust LM error	21. 2601	0. 0000

2. 空间面板的 Wald 检验结果

通过 Wald 检验，判断是否采用空间杜宾模型，若各统计量均被拒绝，则应该建立 SDM 模型。从表 7 - 24 可以看出，Wald 检验中 SLM 和 SEM 在 1% 的水平下均显著，说明选择空间杜宾模型最合适。

表 7 - 24　　　　　　　　空间面板数据的 Wald 检验结果

Wald 检验	统计值	P 值
Wald spatical lag	11. 3017	0. 000
Wald spatical error	147. 5066	0. 000

三、R&D 资本化与经济增长的空间分析

1. 空间杜宾模型个体固定效应与个体随机效应估计结果

空间杜宾模型分为个体固定效应模型和个体随机效应模型，采用极大似然估计法，利用 Matlab 对模型进行估计，结果见表 7 - 25。

表 7 - 25　　　　　　　　　　空间杜宾模型估计结果

类型	空间个体固定效应		空间个体随机效应	
变量	系数	P 值	系数	P 值
W × LNY	0.5119	0.0000	0.2974	0.3450
LNL	0.0801	0.0000	0.0503	0.0111
LNK	0.3124	0.0000	0.2647	0.0000
LNR	0.0574	0.0000	0.0549	0.0000
LNH	0.4542	0.0000	0.4560	0.0000
W × LNL	− 0.0455	0.0719	0.0961	0.0015
W × LNK	− 0.2381	0.0000	− 0.1014	0.0000
W × LNR	0.1263	0.0000	− 0.1873	0.0000
W × LNH	0.3040	0.0159	0.0961	0.0560
Hausman	763.1472　（p = 0.000）			

通过豪斯曼检验，来判断是选择个体固定效应模型还是个体随机效应模型。原假设为存在随机效应，若通过检验，则为随机效应模型，反之为固定效应模型。经检验，发现拒绝原假设，即存在个体固定效应，从而得到空间杜宾个体固定效应模型为：

$$LNGDP = 0.5119WLNGDP + 0.0801LNL + 0.3124LNK + 0.0574LNR$$
$$+ 0.4542LNH - 0.0455WLNL - 0.2381WLNK$$
$$+ 0.1263LNR + 0.3040 + \varepsilon \qquad (7 - 11)$$

可以看出，劳动力投入、物质资本投入、R&D 资本投入、人力资本投入对生产总值的影响均为正，弹性系数分别为 0.0801、0.3124、0.0574、0.4542，劳动力投入、物质资本投入、R&D 资本投入、人力资本投入的空间滞后系数分别为 − 0.0455、− 0.2381、0.1263、0.3040。

劳动力、物质资本空间滞后系数为负，说明相邻省份增加劳动力、物质资本，在一定程度上对该城市经济增长具有抑制作用，相邻城市增加 R&D 资本、人力资本对城市经济增长具有促进作用。表 7 - 25 中 W × LNR 代表 R&D 资本溢出，其弹性系数为 0.1263，通过 1% 的显著性检验，说明在其他条件不变的前提下，邻近城市的 R&D 资本每增加 1%，本城市的 R&D 资本将增加 12.63%，证实了本城市受益于邻近城市的 R&D 溢出。同时，邻近城市 LNY 对本地区 LNY 存在溢出，其弹性系数为 51.19%，证实了本地区的经济增长受益于邻近地区的经济增长。

2. 空间杜宾模型的分解

空间杜宾模型相对于传统模型要复杂得多，不仅包含自变量对因变量变化程度的影响，还包含空间滞后自变量及空间滞后因变量对因变量的影响。其效应往往可以分解为直接效应、间接效应和总效应。直接效应是区域自变量变动对本区域的影响，间接效应是区域自变量潜在影响其他单元的间接效应，即溢出效应。空间杜宾模型对溢出效应进行了解释。

通过 Matlab 软件，求出直接效应、间接效应和综合总效应的数值大小。表 7 - 26 列示了空间杜宾模型的个体固定效应分解结果。

表 7 - 26　　　　　　　　　空间杜宾模型个体固定效应分解

变量	直接效应		间接效应		总效应	
	系数	T 统计量 P 值	系数	T 统计量 P 值	系数	T 统计量 P 值
LNL	0.0776	0.0004	− 0.0078	0.8498	0.0698	0.1291
LNK	0.3001	0.0000	− 0.1502	0.0004	0.1498	0.0014
LNR	0.0812	0.0000	0.2964	0.0000	0.3776	0.0000
LNH	0.5380	0.0000	1.0320	0.0000	1.5699	0.0000

从表 7 - 26 可以看出，在空间杜宾模型的总效应中，物质资本存量、R&D 资本存量和人力资本存量均显著为正，这印证了经济增长理论中，资本对经济增长的促进作用，资本是经济增长的源泉和动力。劳动力对经济增长的直接效应为正，说明增加劳动力投入对本地经济增长起到了促进作用，间接效应为负但不显著，说明劳动力的溢出效应不明显。R&D 资本对经济增长的影响，不管是直接效应还是间接效应都是显著的，直接效应值为 0.0812，间接效应值为 0.2964，间接效应明显大于直接效应，说明本区域 R&D 资本存量对其他相邻区域有显著的促进作用，加大 R&D 投入不仅可以促进本地区的经济发展，还会产生溢出效应，对其他地区产生促进作用。人力资本对经济增长的影响，无论是直接效应还是间接效应都是显著的，这主要是由于人力资本水平越高，代表该地区的人才的教育水平越高，同时，知识的传播存在溢出效应，对其他地区同样产生正向促进作用。

本书在前人研究的基础上，使用 2001～2015 年 30 个省份的数据，利用空间面板数据，研究了空间滞后量、劳动力、物质资本、R&D 资本、人力资本以及省际的溢出对经济增长的影响，得出如下结论。

（1）我国各省份的经济发展不均匀，有很明显的集群现象。东部沿海地区经济发展水平高，西部地区经济发展较慢，相邻省份经济之间存在较强的经济关联性。

（2）固定资产投资仍然是经济增长的主要推动力，应逐渐转变为依靠科技进步推动经济发展。

（3）省际技术溢出对经济增长有显著促进作用，利用空间杜宾模型研究 R&D 溢出对经济增长的促进作用，发现省际的 R&D 溢出会推动相邻地区的经济发展。

（4）各省份的人力资本对经济增长具有显著的促进作用，且省与省之间存在溢出效应。

第八章
结论与建议

第一节 主要结论

改革开放以来，我国经济增长迅速，但是同时也面临着环境污染严重、资源浪费、国际化竞争愈演愈烈的境况。为保持经济的可持续发展，就必须加快经济转型升级，由原来的"粗放型"发展转换为依靠创新发展，提高经济发展质量。而 R&D 活动是促进创新发展的主要途径。2008 年 SNA 修订了 R&D 支出核算办法，将 R&D 支出由"中间消耗"改为"知识产权产品"，纳入 GDP 核算。本书基于 2008 年 SNA 将 R&D 资本化的大背景下，从执行部门、工业行业和地区三个层面讨论了 R&D 资本化核算及其对经济产生的影响。通过理论研究与实证研究相结合的方式，本书得出了以下几点结论。

第一，R&D 资本化后，GDP 的增长率在 2001～2015 年平均提高了 0.044%。进入 21 世纪以来，我国加大了 R&D 投入，R&D 资本化对 GDP 增长率的促进作用尤为明显，说明这一时期我国各执行部门 R&D 资本呈现快速积累的状态，因此 GDP 的增长率有明显提高。另外，R&D 资本化对 GDP 结构的主要影响是 GDP 中最终消费比重一直在小幅下降，2010 年后最终消费才缓慢回升，资本形成总额略有提升。

第二，我国规模以上工业企业 2001～2015 年 R&D 产出总体处于上升趋势，尽管 21 世纪前五年增速较缓，但之后增速有明显的提升，到 2015 年 R&D 产出已达到 9590.93 亿元；R&D 固定资本形成在 2001～2015 年逐年增长，到 2015 年我国 R&D 固定资本形成达到 10010.87 亿元。

工业企业 R&D 资本化具有显著的行业特征，电子及通信设备制造业、交通运输设备制造业、电气机械及器材制造业的 R&D 产出和固定资本形成占比都较大,对 R&D 的投入、R&D 资产的转化能力都明显高于其他行业。

2015 年 R&D 资本化使工业总产出增长了 0.86%。工业的 R&D 研发强度由 2006 年的 0.5% 增长到 2015 年的 0.9%,尤其是交通运输设备制造业 R&D 研发强度增长趋势明显,2015 年 R&D 研发强度达到 6.6%,远超工业总体水平。R&D 资本化使 2015 年的工业资产总量提升了 0.98%,增加了工业行业的总资产。

第三,R&D 资本化提高了 GDP。从全国来看,我国的 R&D 固定资本形成总额、R&D 内部支出一直处于增长趋势,资本化后名义 GDP 提高、GDP 结构发生了变化,使最终消费占比降低、资本形成总额占比增加、最终消费贡献率降低、资本形成贡献率提高。2015 年实际 GDP 提高了 2.19 个百分点,实际 R&D 强度降低了 0.32 个百分点。2001~2015 年最终消费率呈下降趋势,资本形成总额占比提高。2001~2015 年,资本化后 GDP 增速呈逐年上升趋势,2015 年资本化使最终消费降低 0.93%,资本形成占比提高 1%。

从地区来看,我国 R&D 资本化经济测度存在差异。通过分析,发现经济发达地区 R&D 投入强度较大,而经济欠发达地区 R&D 投入强度较小,R&D 经费强度在相邻地区间存在相关性,各地区 R&D 资本化对地区经济结构也产生了不同的影响。2015 年各地区 R&D 资本化后消费与投资对经济增长的拉动作用发生了很大变化,投资对经济增长的拉动作用效果较明显。辽宁最明显,其次为海南、天津、北京,投资拉动度分别为 17.13%、13.83%、11.62%、6.61%。对东部、中部、西部地区 R&D 资本化后消费率、投资率进行比较,发现东部地区的资本化后消费率、投资率的变化明显高于西部地区。2015 年东部、中部、西部地区的消费率降低点数分别为 1.02、0.56、0.49,投资率增加点数分别为 1.08、0.43、0.28。

第四,R&D 资本存量在逐年增加。1993~2008 年,各执行部门 R&D 活动中对基础设施、人员配备、部门建设等投资较大;2000~2015 年,各执行部门 R&D 资本存量的增长率也几乎维持在 10% 以上。2009 年各执行部门 R&D 资本存量的增长率达到最高,其后 R&D 资本存量增长率逐年下降,这可能是因为 R&D 活动开始有序运行,R&D 支出开始趋于稳定增长,因此资本存量增长率开始下降。本书亦基于柯布—道格拉斯(C-D)生产函数模型讨论了 R&D 资本与经济增长的关系,得出 R&D 资本对 GDP 具有很明显的影响,在物质资本和劳动力投资不变的情况下,R&D 资本每增加 1%,GDP 就会增长 0.1249%。

第二节 完善我国 R&D 投资核算的建议

本书在借鉴国内外对 R&D 资本化研究的理论基础上，结合中国国民经济核算的实践，从执行部门、工业各行业和地区的视角分析了 R&D 资本化核算及影响。为加快我国国民经济核算的国际可比性，推进完善我国国内经济核算体系，我们提出以下建议。

一、紧跟国际潮流，夯实 R&D 统计数据调查基础

R&D 资本化需要大量基础性数据，目前 R&D 数据尚不能满足 R&D 核算的需要，应该对 R&D 统计调查数据进行细分。如以生产目的分类，区分自给性生产和以出售为目的的生产；将软件支出从内部支出中专门分类；将资本性支出中的土地和建筑物专门分类；将国际收支平衡表中的 R&D 进出口做专门划分。

二、推动各省积极探索 R&D 资本化核算

国家统计局 2016 年正式公布了基于 R&D 资本化而调整的 GDP 核算最新方案。发达国家在测算 R&D 资本化时积累了丰富的经验，我国应借鉴它们的经验确定 R&D 核算方案，鼓励各地进行探索研究，开展本地区 R&D 资本核算的实践。

三、编制 R&D 卫星账户，补充当下国民账户的不足

卫星账户是国民经济核算体系的中间产物。虽然现在 SNA 已经实现 R&D 资本化，但是编制 R&D 卫星账户仍然是很有必要的。R&D 卫星账户可以专门公布 R&D 产出表、R&D 固定资本形成表、R&D 资本存量表、R&D 资本化影响表，通过这个框架可以方便相关研究者获取数据，综合运用这些数据对 R&D 活动进行全面评价。我国应以 R&D 卫星账户的方法分析评价 R&D 活动对经济增长所做的贡献。

四、因地制宜制定不同的发展战略，提高我国 R&D 投资

我国地域辽阔，各省份自然资源条件、地理位置、市场核心竞争能力、政府政策等方面存在非常大的差异。经济发达地区要充分利用自身优势，加大 R&D 投入，实现产业升级和优化。中等投入地区要根据经济状况，结合自身特点，选择适合自己的经济增长点，同时带动相关产业发展。经济欠发达地区要把握西部大开发的机遇，利用各种扶持政策，确定自身的研发道路。

附　　表

附表1　　　　　1991~2015年全国及各执行部门R&D内部支出数据　　单位：亿元

年份	全国	企业	研究与开发机构	高等院校	其他
1991	125.43	91.85	21.53	10.12	1.93
1992	169.00	123.75	29.01	13.64	2.60
1993	196.00	143.52	33.64	15.82	3.02
1994	222.00	162.56	38.11	17.91	3.42
1995	348.69	255.33	59.85	28.14	5.37
1996	404.48	296.18	69.43	32.64	6.23
1997	509.16	372.83	87.40	41.08	7.84
1998	551.12	403.56	94.60	44.47	8.49
1999	678.91	497.13	116.54	54.78	10.46
2000	895.66	655.85	153.74	72.27	13.80
2001	1042.50	763.37	178.95	84.12	16.06
2002	1287.60	942.85	221.02	103.90	19.84
2003	1539.63	1127.40	264.28	124.23	23.72
2004	1966.30	1439.83	337.52	158.66	30.29
2005	2449.97	1794.00	420.54	197.69	37.74
2006	3003.10	2199.02	515.49	242.32	46.26
2007	3710.20	2716.80	636.87	299.38	57.16
2008	4616.00	3380.07	792.35	372.47	71.11
2009	5802.11	4248.60	995.95	468.17	89.38
2010	7062.58	5185.47	1186.40	597.30	93.41
2011	8687.01	6579.33	1306.71	688.85	112.12
2012	10298.41	7842.24	1548.93	780.56	126.68
2013	11846.60	9075.85	1781.40	856.71	132.64
2014	13015.63	10060.64	1926.18	898.15	130.67
2015	14169.88	10881.35	2136.49	998.59	153.46

注：由于四舍五入可能导致计算误差，下同。

资料来源：历年《中国科技统计年鉴》。

附表 2　　　　**1991～2015 年全国及各执行部门 R&D 劳务费数据**　　单位：亿元

年份	全国	企业	研究与开发机构	高等院校	其他
1991	30.95	24.42	3.90	1.75	0.87
1992	41.69	32.91	5.26	2.36	1.17
1993	48.36	38.16	6.10	2.73	1.36
1994	54.77	43.23	6.91	3.10	1.54
1995	86.03	67.89	10.85	4.86	2.42
1996	99.79	78.76	12.59	5.64	2.81
1997	125.62	99.14	15.85	7.10	3.53
1998	135.97	107.31	17.15	7.68	3.82
1999	167.50	132.19	21.13	9.47	4.71
2000	220.97	174.39	27.88	12.49	6.21
2001	257.20	202.98	32.45	14.54	7.23
2002	317.67	250.71	40.07	17.95	8.93
2003	379.85	299.78	47.92	21.47	10.68
2004	485.11	382.86	61.20	27.42	13.64
2005	604.44	477.03	76.25	34.16	17.00
2006	740.91	584.73	93.47	41.87	20.84
2007	915.36	722.41	115.47	51.73	25.74
2008	1138.83	898.77	143.67	64.36	32.03
2009	1431.46	1129.72	180.58	80.90	40.26
2010	1667.00	1326.31	201.13	95.55	44.02
2011	2104.42	1703.08	245.08	107.45	48.80
2012	2644.52	2175.11	301.80	116.13	51.48
2013	3157.44	2631.63	344.54	125.57	55.71
2014	3546.21	2982.30	369.99	135.94	57.99
2015	3988.38	3343.91	425.67	153.82	64.98

资料来源：历年《中国科技统计年鉴》。

附表 3　　　　　1991～2015 年全国及各执行部门 R&D 资本性支出数据　　　　单位：亿元

年份	全国	企业	研究与开发机构	高等院校	其他
1991	20.18	11.40	6.44	1.89	0.44
1992	27.19	15.36	8.68	2.55	0.60
1993	31.53	17.81	10.07	2.96	0.69
1994	35.71	20.17	11.40	3.35	0.79
1995	56.09	31.69	17.91	5.26	1.23
1996	65.06	36.76	20.77	6.10	1.43
1997	81.90	46.27	26.15	7.68	1.80
1998	88.65	50.08	28.31	8.31	1.95
1999	109.21	61.70	34.87	10.24	2.40
2000	144.07	81.39	46.00	13.51	3.17
2001	167.69	94.74	53.54	15.72	3.69
2002	207.12	117.01	66.13	19.42	4.56
2003	247.66	139.92	79.08	23.22	5.45
2004	316.30	178.69	100.99	29.66	6.96
2005	394.10	222.64	125.83	36.95	8.67
2006	483.07	272.91	154.24	45.29	10.63
2007	596.82	337.17	190.56	55.96	13.13
2008	742.52	419.48	237.08	69.62	16.34
2009	933.32	527.27	298.00	87.51	20.54
2010	1137.32	654.94	354.07	109.53	18.78
2011	1351.65	860.46	336.96	129.28	24.95
2012	1491.23	928.75	385.29	150.10	27.09
2013	1672.78	1045.83	436.34	163.09	27.52
2014	1803.55	1135.50	475.26	169.47	23.32
2015	1858.17	1192.00	445.61	191.82	28.74

资料来源：历年《中国科技统计年鉴》。

附表 4　　　　　1991～2015 年各项价格指数（1990 年＝100）

年份	GDP	固定资产投资	建筑安装工程	设备工、器具购置	原材料燃料及动力购进价格指数	进口	出口
1991	109.18	109.50	109.70	106.10	112.90	97.60	94.30
1992	114.24	115.30	116.80	109.40	116.40	99.30	103.30
1993	113.96	126.60	131.30	119.70	136.70	96.00	101.50
1994	113.08	110.40	110.40	109.50	118.00	105.30	104.60
1995	110.92	105.90	104.70	106.30	108.70	110.70	112.10
1996	110.01	104.00	105.10	101.60	110.20	102.90	102.20
1997	109.30	101.70	102.90	98.10	109.30	101.50	103.20
1998	107.83	99.80	100.50	97.50	99.10	95.30	99.40
1999	107.62	99.60	100.30	97.50	100.90	95.60	104.40
2000	108.43	101.10	102.40	97.40	115.40	100.80	110.10
2001	108.30	100.40	101.40	97.00	100.20	98.40	100.10
2002	109.08	100.20	101.00	97.00	100.10	97.50	102.30
2003	110.03	102.20	104.20	97.00	107.40	103.00	109.20
2004	110.09	105.60	108.20	99.40	109.70	106.60	113.30
2005	111.31	101.60	101.80	99.40	115.00	103.00	103.50
2006	112.68	101.50	101.30	100.70	111.90	102.50	103.20
2007	114.16	103.91	105.14	100.15	104.30	105.50	106.60
2008	109.63	108.94	112.93	100.55	120.60	108.60	115.80
2009	109.21	97.60	96.30	97.60	89.20	93.80	87.30
2010	110.45	103.60	104.90	100.30	116.29	102.90	113.60
2011	109.30	106.60	109.20	101.10	110.80	110.00	113.90
2012	107.65	101.10	101.60	98.90	100.87	102.00	99.30
2013	107.67	100.25	100.31	99.00	96.60	99.20	97.60
2014	107.30	100.50	100.60	99.70	97.10	99.30	96.60
2015	106.90	98.20	97.30	99.30	88.70	99.00	88.40

资料来源：历年《中国科技统计年鉴》。

附表5　　　　　　　　　　1991～2015 年其他基础数据

年份	名义 GDP （亿元）	最终消费 （亿元）	资本形成总额 （亿元）	城镇就业人数 （万人）	R&D 人员全时 当量（万人年）
1991	22006	13614	7893	64799	65
1992	27195	16225	10834	65554	67
1993	35673	20797	15783	66373	70
1994	48638	28272	19916	67199	78
1995	61340	36198	24343	68065	75
1996	71814	43087	27557	68950	80
1997	79715	47509	28966	69820	83
1998	85196	51460	30397	70637	76
1999	90564	56622	31666	71394	82
2000	100280	63668	34526	72085	92
2001	110863	68547	40379	72797	96
2002	121717	74068	45130	73280	104
2003	137422	79513	55837	73736	109
2004	161840	89086	69421	74264	115
2005	187319	101448	77534	74647	136
2006	219439	114729	89823	74978	150
2007	270232	136229	112047	75321	174
2008	319516	157466	138243	75564	197
2009	349081	172728	162118	75828	229
2010	413030	198998	196653	76105	255
2011	489301	241022	233327	76420	288
2012	540367	271113	255240	76704	325
2013	595244	300338	282073	76977	353
2014	643974	328313	302717	77253	371
2015	685506	359516	313070	77451	376

资料来源：历年《中国科技统计年鉴》。

附表 6　　　　　　　1990~2015 年科技经费及 R&D 经费支出　　　　单位: 万元

年份	全国 R&D 内部支出	大中型工业企业科技活动/R&D 内部支出	企业 R&D 经费
1990	1254300	1330631.8	
1991	1423000	1659937.7	
1992	1690000	2088113.0	
1993	1960000	2488991.5	
1994	2220000	3212860.5	
1995	3486900	3658261.1	
1996	4044800	3848782.9	
1997	5091600	4384298.0	
1998	5511200	4786851.9	
1999	6789100	5672370.6	
2000	8956645	8237186.6	5370000
2001	10424855	9779449.0	6300000
2002	12876446	11640700.0	7878000
2003	15396346	14677738.0	9602381
2004	19663285	24020939.0	13140000
2005	24499731	25433232.0	16738130
2006	30030966	31758025.0	21345395
2007	37102420	41237300.7	26819000
2008	46160218	50406721.0	33817258.99
2009	58021068.2	37757113.0	42486030
2010	70625775	58021068.2	51854652.5
2011	86870092.6	59938054.5	65793335.7
2012	102984089.6	72006450.4	78422409.9
2013	118465979.5	83184004.8	90758453
2014	130156296.8	92542587.0	100606356.9
2015	141698846.1	100139329.8	108813497.6

　　数据来源: 历年《中国科技统计年鉴》, 其中 1990~2008 年数据为科技活动经费支出, 2009~2015 年数据为 R&D 经费内部支出。1990~2015 年数据为万元, 1990~2008 年数据为大中型科技活动经费支出, 其中 2004 年为规模以上工业企业科技活动经费支出, 2009~2015 年数据为规模以上工业企业 R&D 经费内部支出, 其中 2010 年为大中型工业企业 R&D 经费内部支出。

附表 7　　　　　　　　**2001～2015 年分地区 R&D 内部支出**　　　　　　单位：万元

地区	2001 年	2002 年	2003 年	2004 年	2005 年	2006 年	2007 年	2008 年
北京	1711696	2195401	2562518	3173331	3820683	3843176	5053869	5503499
天津	251553	311878	404290	537501	725659	969239	1146921	1557166
河北	257504	336031	380530	438428	589320	698853	900165	1091113
山西	108238	144131	158256	233570	262814	631766	492505	625574
内蒙古	38828	48285	63898	77951	116956	220661	241981	338950
辽宁	538980	715605	829699	1069142	1247086	1164969	1653988	1900662
吉林	165428	264085	278001	355065	393039	483141	508658	528364
黑龙江	201389	232880	326765	353502	489073	461512	660436	866999
上海	880804	1102663	1289187	1711168	2083538	2276531	3074569	3553868
江苏	922703	1172582	1504625	2139777	2698292	3607595	4301988	5809124
浙江	414138	542865	752256	1155471	1632921	2127403	2816031	3445714
安徽	210513	256977	324219	379356	458994	841233	717914	983208
福建	226181	243999	375019	458874	536186	737139	821720	1019288
江西	77617	117173	169772	215281	285314	325019	487866	631468
山东	609310	881631	1038442	1421242	1951449	2390192	3123081	4337171
河南	283090	293151	341910	423556	555824	931848	1011298	1222763
湖北	368494	478834	548173	566204	749531	940561	1113179	1489859
湖南	239755	262135	300904	370442	445235	653407	735536	1127040
广东	1374337	1564491	1798393	2112055	2437605	2826739	4042910	5025577
广西	80046	90478	112389	118659	145947	238749	220030	328306
海南	8457	12178	12126	20870	15950	52258	26020	33479
重庆	99904	126195	174401	236525	319586	430142	469876	601525
四川	574712	619233	794211	780122	965760	1305993	1391401	1602595
贵州	53486	60722	78853	86772	110349	158965	137434	189298
云南	76982	97928	110074	125061	213233	258905	258775	309909
西藏	2006	4926	3104	3633	3497	8280	6964	12285
陕西	516917	607149	679914	834788	924462	917676	1217105	1432726
甘肃	83833	109594	127702	143946	196136	256542	257220	318014
青海	11747	20823	24070	30364	29554	52392	38093	39092
宁夏	1534	19505	23828	30513	31681	73082	74723	75490
新疆	32070	35182	37957	60134	64087	146998	100169	160113

资料来源：历年《中国科技统计年鉴》。

续附表7　　　　　　　　2001～2015 年分地区 R&D 内部支出　　　　　单位：万元

地区	2009 年	2010 年	2011 年	2012 年	2013 年	2014 年	2015 年
北京	6686351	8218234	9366439	10633640	11850469	12687953	13840231
天津	1784661	2295644	2977580	3604866	4280921	4646868	5101839
河北	1348446	1554492	2013377	2457670	2818551	3130881	3508708
山西	808563	898835	1133926	1323458	1549799	1521871	1325268
内蒙古	520726	637205	851685	1014468	1171877	1221346	1360617
辽宁	2323687	2874703	3638348	3908680	4459322	4351851	3633971
吉林	813602	758005	891337	1098010	1196882	1307243	1414089
黑龙江	1091704	1230434	1287788	1459588	1647838	1613469	1576677
上海	4233774	4817031	5977131	6794636	7767847	8619549	9361439
江苏	7019529	8579491	10655109	12878616	14874466	16528208	18012271
浙江	3988367	4942349	5980824	7225867	8172675	9078500	10111792
安徽	1359535	1637219	2146439	2817953	3520833	3936070	4317511
福建	1353819	1708982	2215151	2709891	3140589	3550325	3929298
江西	758936	871527	967529	1136552	1354972	1531114	1731820
山东	5195920	6720045	8443667	10203266	11758027	13040695	14271890
河南	1747599	2111675	2644923	3107802	3553246	4000099	4350430
湖北	2134490	2641180	3230129	3845239	4462043	5108973	5617415
湖南	1534995	1865584	2332181	2876780	3270253	3679345	4126692
广东	6529820	8087478	10454872	12361501	14434527	16054458	17981679
广西	472028	628696	810205	971539	1076790	1119033	1059124
海南	57806	70204	103717	137244	148357	169151	169685
重庆	794599	1002663	1283560	1597973	1764911	2018528	2470012
四川	2144590	2642695	2941009	3508589	3999702	4493285	5028761
贵州	264134	299665	363089	417261	471850	554795	623196
云南	372304	441672	560797	687548	798371	859297	1093570
西藏	14385	14599	11530	17839	23033	23519	31242
陕西	1895063	2175042	2493548	2872035	3427454	3667730	3931727
甘肃	372612	419385	485261	604762	669194	768739	827203
青海	75938	99438	125756	131228	137541	143235	115843
宁夏	104422	115101	153183	182304	209042	238580	254842
新疆	218043	266545	330031	397289	454598	491587	520010

资料来源：历年《中国科技统计年鉴》。

附表 8　　　　　2001～2015 年规模以上工业企业 R&D 内部支出　　　　单位：万元

地区	2001 年	2002 年	2003 年	2004 年	2005 年	2006 年	2007 年	2008 年
北京	386568	400585	467021	822324	755061	907235	964622	1110219
天津	237247	283342	326423	656355	732327	1012430	1353150	1995950
河北	209275	278862	370848	560664	690149	854283	1050493	1245230
山西	154801	231675	251051	470648	551878	967847	1262462	1516398
内蒙古	50413	73415	102721	187052	224698	305521	348260	587991
辽宁	468908	685565	855330	1184240	1296757	1367151	1923865	2332207
吉林	117518	249075	177734	292613	502032	530888	592805	631291
黑龙江	218363	244663	287915	370044	383799	494212	611538	754726
上海	988193	1149053	1402912	2089372	2082720	2288463	2739746	3058785
江苏	1103135	1419878	1930090	3647478	3588771	4692611	6459996	7556564
浙江	361979	396802	814419	1820837	1722909	2197883	2801658	3254083
安徽	267311	380444	489083	750027	858763	1078887	1423476	1678538
福建	237390	233133	411505	665759	700433	890599	1040457	1319686
江西	102210	128759	201945	261481	315320	439807	575021	703369
山东	1278011	1485312	1702970	2436014	2913990	3606901	4818097	5940689
河南	280808	308876	390050	812000	794147	1224981	1576236	1775420
湖北	403556	410379	463762	704225	719392	829750	1016226	1554914
湖南	205595	214484	310721	524569	453062	615852	801778	1097735
广东	1430845	1623896	1963037	2827181	2973616	3852034	5254938	6357442
广西	114573	130461	197774	272249	356482	279387	403236	478257
海南	6297	7527	7070	17243	45808	49596	48152	54909
重庆	186017	202965	264803	409074	475408	594261	787272	1028375
四川	361740	461133	551350	887772	1115685	1055773	1307960	1485969
贵州	69424	89896	93260	150329	159004	226118	252278	352976
云南	52975	71006	68104	177476	153360	243734	318815	429036
西藏	—	—	—	182	—	—	—	2510
陕西	293132	277669	365811	610926	441533	590469	728926	1145092
甘肃	76129	73718	79931	145019	160989	229587	332039	351717
青海	27250	34166	34480	46337	57129	64165	78239	112860
宁夏	30125	29678	32354	48232	66889	90518	146464	143968
新疆	59664	64283	83265	173197	141122	177084	219096	349813

续附表 8　　　　　2001～2015 年规模以上工业企业 R&D 内部支出　　　单位：万元

地区	2009 年	2010 年	2011 年	2012 年	2013 年	2014 年	2015 年
北京	1137030	6686351	1648538	1973442	2130618	2335010	2440875
天津	1238392	1784661	2107772	2558685	3000377	3228057	3526665
河北	933016	1348446	1586189	1980850	2327418	2606711	2858051
山西	603934	808563	895891	1069590	1237698	1247027	1008950
内蒙古	390612	520726	701635	858477	1004406	1080287	1186261
辽宁	1654323	2323687	2747063	2894569	3331303	3242303	2418803
吉林	329615	813602	488723	604326	698136	789431	861541
黑龙江	627240	1091704	838042	906170	950335	955820	880392
上海	2365150	4233774	3437627	3715075	4047800	4492192	4742443
江苏	5707105	7019529	8998944	10803107	12395745	13765378	15065065
浙江	3301031	3988367	4799069	5886071	6843562	7681473	8535689
安徽	907544	1359535	1628304	2089814	2477246	2847303	3221422
福建	1144347	1353819	1943993	2381656	2791966	3153831	3469810
江西	582649	758936	769834	925985	1106443	1284642	1474968
山东	4567136	5195920	7431254	9056007	10528097	11755482	12917718
河南	1334943	1747599	2137236	2489651	2953410	3372310	3688252
湖北	1205733	2134490	2107553	2633099	3117987	3629506	4072726
湖南	1096144	1534995	1817773	2290877	2703987	3100446	3525450
广东	5523733	6529820	8994412	10778634	12374791	13752869	15205497
广西	324191	472028	586791	702225	817063	848808	769190
海南	22616	57806	57760	78093	93567	111010	111841
重庆	564856	794599	943975	1171045	1388199	1664720	1996609
四川	817664	2144590	1044666	1422310	1688902	1960112	2238051
贵州	187695	264134	275217	315079	342541	410132	457303
云南	151147	372304	299279	384430	454278	516572	619588
西藏	6376	14385	1637	5312	4617	2943	2602
陕西	582497	1895063	966768	1192770	1401480	1606946	1725829
甘肃	189931	372612	257916	337785	400743	464410	486077
青海	41322	75938	81965	84197	89540	92528	65029
宁夏	77591	104422	118879	143696	167494	186518	200453
新疆	140932	218043	223352	273425	314257	357812	366180

数据来源：历年《中国科技统计年鉴》。

附表 9　　　　　　2001～2015 年 GDP 缩减指数（1990 年 = 100）

地区	2001 年	2002 年	2003 年	2004 年	2005 年	2006 年	2007 年	2008 年
全国	201	202	207	222	230	239	258	278
北京	236	247	258	273	280	289	306	317
天津	185	184	192	200	219	218	222	244
河北	170	169	174	189	196	198	209	223
山西	173	176	188	204	213	218	232	259
内蒙古	186	186	195	205	212	226	246	276
辽宁	177	174	172	169	181	183	192	207
吉林	177	179	184	193	199	205	218	228
黑龙江	196	191	193	203	211	212	216	227
上海	190	188	195	206	212	215	221	227
江苏	163	164	169	177	192	196	204	215
浙江	171	176	186	195	199	205	213	222
安徽	154	152	155	166	168	171	180	192
福建	174	174	174	180	183	184	195	202
江西	179	182	184	201	209	221	235	249
山东	154	154	160	172	183	190	196	210
河南	183	182	187	205	222	227	240	257
湖北	146	145	150	159	166	170	182	194
湖南	179	178	182	197	205	212	227	244
广东	175	174	178	185	194	199	207	217
广西	154	154	157	170	175	183	195	209
海南	154	157	158	165	168	172	179	194
重庆	186	191	195	206	238	239	246	267
四川	170	169	172	182	187	194	206	221
贵州	174	175	182	193	204	211	227	252
云南	179	178	181	196	202	209	222	240
西藏	166	168	170	177	178	184	189	199
陕西	187	189	194	211	230	243	255	278
甘肃	170	169	174	188	192	203	215	228
青海	176	178	182	194	201	212	230	259
宁夏	194	197	207	224	230	242	272	317
新疆	205	205	216	227	241	254	262	280

续附表9　　　　2001～2015 年 GDP 缩减指数（1990 年 = 100）

地区	2009 年	2010 年	2011 年	2012 年	2013 年	2014 年	2015 年
全国	278	297	321	329	336	339	347
北京	314	331	352	360	370	372	375
天津	234	245	258	258	257	254	245
河北	218	230	249	246	243	236	224
山西	248	272	294	288	276	265	257
内蒙古	271	282	304	302	295	287	268
辽宁	204	217	233	237	239	238	231
吉林	228	238	255	257	260	258	273
黑龙江	210	225	243	241	235	232	220
上海	224	232	239	234	235	237	236
江苏	213	227	242	242	244	245	243
浙江	218	235	251	249	251	248	245
安徽	194	208	226	227	230	228	222
福建	204	215	229	230	230	230	228
江西	242	262	288	288	291	289	282
山东	205	211	220	221	223	220	216
河南	251	264	275	275	274	273	267
湖北	196	210	227	232	234	236	247
湖南	242	260	283	286	289	290	285
广东	212	220	231	229	231	233	232
广西	203	219	239	238	240	240	238
海南	191	206	224	233	236	239	235
重庆	261	271	294	295	294	296	294
四川	217	229	244	246	247	246	240
贵州	248	259	279	295	309	320	328
云南	232	242	262	269	275	276	270
西藏	197	202	214	222	230	234	235
陕西	274	296	321	329	332	330	312
甘肃	222	241	261	261	264	262	241
青海	249	270	294	297	300	299	290
宁夏	318	350	388	388	389	384	376
新疆	265	305	331	336	340	340	314

资料来源：作者根据历年《中国科技统计年鉴》计算得出。

附表 10　　　　2001～2015 年 R&D 缩减指数（1990 年＝100）

地区	2001 年	2002 年	2003 年	2004 年	2005 年	2006 年	2007 年	2008 年
全国	200	198	203	216	229	237	246	266
北京	226	224	230	246	259	265	275	298
天津	201	204	206	216	228	243	251	259
河北	197	198	204	219	233	238	250	270
山西	200	196	202	210	217	225	246	268
内蒙古	199	196	203	213	222	226	242	269
辽宁	212	209	213	231	250	254	263	288
吉林	209	211	215	226	252	265	272	298
黑龙江	208	205	213	224	240	245	257	283
上海	214	211	213	233	245	253	260	282
江苏	196	197	204	216	225	232	243	265
浙江	197	194	199	213	229	238	248	270
安徽	211	210	217	229	238	252	260	283
福建	188	185	189	194	208	217	231	248
江西	200	200	205	218	231	238	246	264
山东	199	196	201	212	221	230	241	259
河南	204	201	207	219	234	243	256	278
湖北	214	212	218	235	245	260	264	279
湖南	205	204	211	221	240	245	255	277
广东	199	194	198	210	224	232	234	252
广西	204	201	208	219	225	237	251	261
海南	205	202	204	216	241	225	231	263
重庆	193	195	202	208	226	227	237	259
四川	207	205	211	221	231	247	259	284
贵州	210	206	218	227	238	249	260	290
云南	220	216	222	239	255	266	275	297
西藏	225	224	228	234	245	254	265	271
陕西	220	217	224	239	259	267	278	301
甘肃	217	214	219	233	247	264	272	297
青海	200	202	211	221	230	239	243	272
宁夏	206	201	214	219	218	229	234	260
新疆	212	210	214	231	245	246	254	280

续附表 10　　　　　　2001～2015 年 R&D 缩减指数（1990 年＝100）

地区	2009 年	2010 年	2011 年	2012 年	2013 年	2014 年	2015 年
全国	273	294	317	316	312	309	297
北京	281	302	327	328	326	324	310
天津	273	293	314	317	309	305	296
河北	273	298	321	317	314	307	294
山西	278	302	329	329	326	323	305
内蒙古	274	301	331	329	325	320	300
辽宁	287	312	338	329	336	325	311
吉林	284	309	324	322	320	323	305
黑龙江	281	302	332	328	323	317	305
上海	279	305	329	322	322	322	315
江苏	283	300	320	315	310	307	299
浙江	271	294	317	317	314	312	302
安徽	285	306	326	323	323	312	301
福建	254	273	288	296	294	292	282
江西	284	295	324	323	317	308	298
山东	277	304	325	324	319	314	296
河南	278	300	325	322	318	313	300
湖北	288	313	336	333	332	328	312
湖南	289	312	335	335	330	328	313
广东	261	276	298	296	295	296	287
广西	276	296	316	318	304	308	299
海南	260	290	324	315	318	310	305
重庆	263	280	309	309	300	294	287
四川	288	302	328	328	316	311	309
贵州	284	317	341	339	330	324	312
云南	289	309	335	336	336	333	318
西藏	289	308	313	318	322	332	324
陕西	298	315	335	345	340	336	319
甘肃	291	315	337	335	331	330	318
青海	283	305	335	295	295	310	305
宁夏	276	295	319	321	311	313	304
新疆	281	311	335	336	329	330	307

资料来源：作者根据历年《中国科技统计年鉴》计算得出。

参考文献

［1］成邦文．OECD 的科技统计与科技指标［J］．中国科技信息，2002 (5)．

［2］陈科．中国新 SNA 演变中的理论与现实思考［D］．暨南大学，2007．

［3］陈玺光．研发的国民经济核算研究［D］．天津大学，2014．

［4］陈宇峰，朱荣军．中国区域 R&D 资本存量的再估计［J］．科学学研究，2016 (1)．

［5］杜江，杨文溥．基于面板随机前沿模型的 R&D 对工业行业生产率影响研究［J］．统计与决策，2016 (15)．

［6］高敏雪．研发资本化与 GDP 核算调整的整体认识与建议［J］．统计研究，2017 (4)．

［7］高敏雪．美国国民核算体系及其卫星账户应用［M］．北京：经济科学出版社，2001．

［8］高敏雪．卫星账户及其在美国的应用［J］．统计研究，2001 (8)．

［9］高敏雪，李静萍，许健．国民经济核算原理与中国实践［M］．北京：中国人民大学出版社，2007．

［10］国家统计局核算司 GDP 生产核算处．将研发支出纳入 GDP 核算的思考［J］．中国统计，2014 (2)．

［11］国家统计局关于改革研发支出核算方法修订国内生产总值核算数据的公告．网址：http：//www.stats.gov.cn/tjsj/zxfb/201607/t20160705_1373924.html．

［12］联合国，欧盟委员会，国际货币基金组织，经济合作与发展组织，世界银行．《国民账户体系 2008》，中国国家统计局国民经济核算司，中国人民大学经济核算研究所译，北京：中国统计出版社，2012．

［13］侯林芳．三种 R&D 资本化测度方法的应用与比较［J］．统计与决策，2018 (16)．

［14］何平，陈丹丹．R&D 支出资本化可行性研究［J］．统计研究，2014 (3)．

［15］黄苹．中国省域 R&D 溢出与地区经济增长空间面板模型分析．科学

学研究，2008（8）.

　　[16] 侯睿婕，陈钰芬. SNA 框架下中国省际 R&D 资本存量的估算 [J]. 统计研究，2018（5）.

　　[17] 侯小维. 科技统计在德国 [J]. 北京统计，1998（9）.

　　[18] 江永宏，孙凤娥. 中国 R&D 资本存量测算：1952—2014 年 [J]. 数量经济技术经济研究，2016（7）.

　　[19] 贾艳艳. 工业 R&D 资本化效应研究 [D]. 浙江工商大学，2014.

　　[20] 蒋萍，刘丹丹，王勇. SNA 研究的最新进展：中心框架，卫星账户和扩展研究 [J]. 统计研究，2013（3）.

　　[21] 江永宏，孙凤娥. 中国 R&D 资本存量测算：1952—2014 年 [J]. 数量经济技术经济研究，2016（7）.

　　[22] 卢方元，靳丹丹. 我国 R&D 投入对经济增长的影响：基于面板数据的实证分析 [J]. 中国工业经济，2011（3）.

　　[23] 李小胜. 中国 R&D 资本存量的估计与经济增长 [J]. 中国统计，2007（11）.

　　[24] 路守胜. 研究与开发卫星账户的建立方法研究 [J]. 现代商业，2009（35）.

　　[25] 刘建翠，郑世林，汪亚楠. 中国研发（R&D）资本存量估计：1978—2012 [J]. 经济管理研究，2015（2）.

　　[26] 刘伟. 2008SNA 对非金融资产的修订及影响分析 [J]. 统计研究，2010（11）.

　　[27] 刘亚茹. R&D 资本化对宏观经济变量的影响分析：以江西省为例 [D]. 江西财经大学，2013.

　　[28] 吕忠伟，李峻浩. R&D 空间溢出对区域经济增长的作用研究 [J]. 统计研究，2009（3）.

　　[29] 马国标. 我国与 OECD R&D 核算的比较和借鉴 [D]. 厦门大学，2006.

　　[30] 倪红福，张士运，谢慧颖. 资本化 R&D 支出及其对 GDP 和经济增长的影响分析 [J]. 统计研究，2014（3）.

　　[31] OECD 经济合作发展组织. 弗拉斯卡蒂手册（第六版）[M]. 张玉勤译. 北京：科学技术文献出版社，2010.

　　[32] 邱叶. 基于 2008 年 SNA 的中国 R&D 卫星账户编制研究 [D]. 江西财经大学，2014.

［33］任文静.R&D 资本化对我国国民经济核算体系的影响研究：基于 2008 年 SNA 的分析 ［D］.河北大学，2014.

［34］"SNA 的修订与中国国民经济核算体系改革"课题组.SNA 的修订及对中国国民经济核算体系改革的启示 ［J］.统计研究，2012（6）.

［35］"SNA 的修改与中国国民经济核算体系改革"课题组.SNA 关于生产资产的修改及对中国国民经济核算影响的研究 ［J］.统计研究，2012（12）.

［36］"SNA 的修订与中国国民经济核算体系改革"课题组.SNA 的修订对 GDP 核算的影响研究 ［J］.统计研究，2012（10）.

［37］孙凤娥，江永宏.我国地区 R&D 资本存量测算：1978—2015 年 ［J］.统计研究，2018（2）.

［38］孙文娟.中国 R&D 投资结构与经济增长相关分析 ［D］.中南大学，2011.

［39］沈菲.关于我国区域 R&D 知识存量的经济计量的分析 ［J］.商，2016（35）.

［40］苏方林.中国省域 R&D 溢出的空间模式研究 ［J］.科学学研究，2006（10）.

［41］苏青.中国 R&D 核算问题研究：基于 2008 年 SNA 的分析 ［D］.东北财经大学，2015.

［42］史文瑞.联邦德国的科技统计 ［J］.全球科技经济瞭望，2000（6）.

［43］魏和清.中国 R&D 核算的国际比较与发展方向 ［J］.统计与决策，2004（10）.

［44］魏和清.2008 年 SNA 关于 R&D 核算变革带来的影响及面临的问题 ［J］.统计研究，2012（11）.

［45］魏和清.从美国国民账户的调整看研发资本化对宏观经济变量的影响 ［J］.当代财经，2014（10）.

［46］王玲.中国工业行业资本存量的测度 ［J］.世界经济统计研究，2014（1）.

［47］王益.R&D 资本化核算及对 GDP 影响的统计研究 ［D］.浙江工商大学，2017.

［48］王孟欣.美国 R&D 资本存量测算及对我国的启示 ［J］.统计研究，2011（6）.

［49］王孟欣.我国研发统计及资本化问题研究 ［M］.北京：中国社会科学出版社，2016.

[50] 王尚威，刘洋，景梓豪．科技投入对中国经济增长的贡献及互动机制研究 [J]．价值工程，2016（19）．

[51] 王维国，谢兰云．我国区域 R&D 投入与区域经济发展关系的实证研究 [J]．财经问题研究，2009（11）．

[52] 王海峰．印度 R&D 统计指标体系 [J]．全球科技经济瞭望，2001（4）．

[53] 王辉．美国统计方法和制度 [J]．全球科技经济瞭望，2000（8）．

[54] 王俊．我国制造业 R&D 资本存量的测算（1998—2005）[J]．统计研究，2009（4）．

[55] 王晓娆，李红阳．不同执行部门 R&D 投资对全要素生产率的影响：基于中美比较的视角 [J]．科学学研究，2017（6）．

[56] 吴延兵．中国工业 R&D 产出弹性的测算 [J] 经济学（季刊），2008（4）．

[57] 吴延兵．R&D 与生产率：基于中国制造业的实证研究 [J]．经济研究，2006（11）．

[58] 吴延兵．中国工业 R&D 产出弹性测算（1993—2002）[J]．经济学（季刊），2008（3）．

[59] 吴延兵．R&D 存量、知识函数与生产效率 [J]．经济学（季刊），2006（4）．

[60] 吴延瑞．生产率对中国经济增长的贡献：新的估计 [J]．经济学（季刊），2008（4）．

[61] 吴玉鸣．空间计量模型在省域研发与创新中的应用研究 [J]．数量经济技术经济研究，2006（5）．

[62] 项本武．中国工业行业技术创新效率研究 [J]．科研管理，2011（1）．

[63] 肖文锋，李萍，徐长林，姬存宇，叶凯．新疆 R&D 投入与经济增长、专利产出关系研究：基于灰色关联分析的实证研究 [J]．农业科技管理，2012（1）．

[64] 谢兰云．中国省份研究与发展（R&D）指数及其存量的计算 [J]．财经理论与实践，2009（3）．

[65] 谢兰云．中国 R&D 投资与经济增长关系的计量分析 [D]．东北财经大学，2009．

[66] 徐蔼婷．R&D 卫星账户整体架构与编制的国际实践 [J]．统计研究，

2017（9）.

［67］徐国泉，姜照华.R&D 资本存量的测度与中美的比较研究［A］.大连：中国科学与科技政策研究会，2006.

［68］徐杰，段万春，杨建龙.中国资本存量的重估［J］，统计研究，2010（12）.

［69］许宪春，彭志龙，吕峰.SNA 的修订及对中国国民经济核算体系改革的启示［J］.统计研究，2012（6）.

［70］许宪春.国民经济核算为何需要新标准［N］.经济日报，2017 - 8 - 24.

［71］许宪春.论中国国民经济核算体系 2015 年的修订［J］.中国社会科学，2016（1）.

［72］许宪春.中国当前重点统计领域的改革［J］.经济研究，2013（10）.

［73］许宪春，郑学工.改革研发支出核算方法更好地反映创新驱动作用［J］.国家行政学院学报，2016（5）.

［74］杨仲山，何强.国民经济核算体系（1993SNA）的修订、影响及启示［J］.统计研究，2008（9）.

［75］杨林涛.2008 年 SNA 下 R&D 支出纳入 GDP 的估计与影响度研究［J］.统计研究，2015（11）.

［76］亚当·斯密.国富论［M］.杨敬年，译.陕西：陕西人民出版社，2000.

［77］严成樑，朱明亮.我国 R&D 投入对经济增长的影响及其传导机制分析［J］.产业经济评论，2016（1）.

［78］严成梁，龚六堂.R&D 规模、R&D 结构与经济增长［J］.南开经济研究，2003（2）.

［79］《中国国民经济核算体系 2016》，国统字〔2017〕115 号.

［80］曾五一，王开科.美国 GDP 核算最新调整的主要内容、影响及其启示［J］.统计研究，2014（3）.

［81］朱平芳，徐伟民.上海市大中型工业行业专利产出滞后机制研究［J］.数量经济技术经济研究，2005（9）.

［82］《中国有效专利年度报告 2014 年》［N］.国家知识产权局规划发展司.http：//www.docin.com/p - 1944790297.html.

［83］中国国家统计局，中国统计年鉴［M］.北京：中国统计出版社，1991—2016.

［84］中共中央关于全面深化改革若干重大问题的决定，2013.

［85］朱春临.国际技术外溢与自主创新［D］.复旦大学，2008.

［86］朱发仓.工业 R&D 价格指数估计研究［J］.商业经济与管理，2014（1）.

［87］朱发仓，苏为华.R&D 资本化记入 GDP 及其影响研究［J］.科学学研究，2016（10）.

［88］朱发仓主译.知识产权产品资本测度手册［M］.北京：科学技术文献出版社，2015.

［89］朱发仓.R&D 资本测度的逻辑：理论与应用［M］.北京：经济科学出版社，2018.

［90］朱平芳，徐伟民.政府的科技激励对大中型工业企业 R&D 投资极其专利产出的影响［J］.经济研究，2003（6）.

［91］郑德渊，李湛.R&D 的溢出效应研究［J］.中国软科学，2002（9）.

［92］张斌.R&D 投资与经济增长关系的实证分析［D］.电子科技大学，2006.

［93］张军，章元.对资本存量 K 的再估计［J］.经济研究，2003（7）.

［94］张嵩.英国 R&D 科技及其方法［J］.全球科技经济瞭望，2000（10）.

［95］张晓峒.计量经济学软件 Eviews 使用指南［M］.天津：南开大学出版社，2004.

［96］张岩.中国工业 R&D 资本存量的估算［D］.浙江工商大学，2013.

［97］Adams, James D. Fundamental Stocks of Knowledge and Productivity Growth［J］. Journal of Political Economy，1990，98（4）.

［98］Adam M. Copeland, Dennis Fixler. Measuring the Price of Research and Development Output［J］. Review of Income and Wealth，2012，I.（58）.

［99］Audretsch D. B，MP. Feldman，R&D Spillovers and the Geography of Innovation and Production［J］. American Economic Review，1996，86（3）.

［100］Australia Bureau of Statistics. Information Paper：Implementation of New International Statistical Standard in ABS National and International Accounts. September 2009.

［101］Barbara M. Fraumeni, Sumiye Okubo. R&D in the National Income and Product Accounts：First Look at Its Effect on GDP［J/OL］. http：//www.

nber. org/chapters/c10624, 2005.

[102] Bernstein J, MamUneas T. Depreciation Estimation, R&D Capital Stock and North American 4. Manufacturing Productiveity Growth [J]. Economic Statistics, 2005 (80).

[103] Bernstein J, Nadia M I. Interindustry Spillovers, Rates of Return, and Production in High-tech Industries [J]. American Economic Review Paper and Proceedings, 1988 (78).

[104] Bobe. The Spatial Patern of Localized R&D Spillovers: An Empirical Investigation for Germany [J]. Journal of Economic Geography, 2004 (4).

[105] Browyn Hall. Measuring the Returns to R&D: the Depreciation Problem [J]. NBER Working Paper, 2007.

[106] Browyn Hall. R&D, Productivity and Market Value [J]. The Institute For Fiscal Studies, 2006, 11.

[107] Boskin Michael J, Lan Lawrence J. Contribution of R&D to Economic Growth in Technology, R&D, and the EconGriliches Z [M], Issues in Assessing the Contriburion of Research and Development to Productivity Growth, Bell Journal of Economics, 1999.

[108] Brain K Sliker. R&D Satellite Account Methodologies: R&D Capital Stocks and Net Rates of Return [J/OL]. http: //bea. gov/papers/pdf/kstocks1221, 2007.

[109] Bureau of Economic Analysis. NIPA Revisions: Selected Components Detail and Mayor Source Data and Conceptual and Statistical Changes Incorporated [M]. Washington, 2013.

[110] Cavin cameron. On the Measurement of Real R&D – Divisia Price Indices for UK Business Enterprise R&D [J]. Research Evaluation, 1996, 6 (3).

[111] Coe D. T, E. Helpman. International R&D Spill – overs [J], European Economic Review, 1995, 397.

[112] Daniel R Yorgason. Treatment of International Research and Development as Investment, Issues and Estimates [R]. BEA/NSF R&D Satellite Account Background Paper, Washington, DC: Bureau of Economic Analysis, 2007.

[113] European Union. The European System of National and Regional Accounts in the European Union 2010 [EB/OL]. http: //eur – lex. europa. euLexUriServ. do? uri = OJ: L: 2013: 174: 0001: 0727: EN: PDF.

［114］ Goto A, Suzuki K. R&D Capital, Rate of Return on R&D Investment, and Spillover of R&D in Japanese Manufacturing Industries ［J］. Review of Economics and Statistics, 1989, 71 (11).

［115］ GrilichesZvi, Lichtenbegr Frank. Interindustry Technology Flows and Productivity Growth: A Reexamination ［J］. Review of Economics Statistics, 1984 (2).

［116］ Grilches. Productivity, R&D and Basic Research at the Firm Level in the 1970s ［J］. American Economic Review, 1986.

［117］ Grossman G, Helpman E. Innovation and Growth in the Global Economy ［M］. Cambridge: MIT Press, 1991.

［118］ Haddad Mona. Harrison Ann. Are There Positive Spillovers from Direct Foreign Investment: Evidence From Panel Data for Morocco ［J］. Journal of Development Economics, 1993.

［119］ Huang N, Diewert E. Estimation of R&D Depreciation Rates: A Suggested Methodology and Preliminary Application ［J］. Canadian Journal of Economics, 2011, 44 (2).

［120］ John E, Jankowski J. Do We Need a Price Index for Industrial R&D ［J］. Research Policy, 1993, 93 (22).

［121］ Jaffe S. A Price Index for Deflation of Academic R&D Expenditures ［R］. Washington D C: The National Science Foundation, 1972.

［122］ Jaff A. B. 1986. Technological Opportunity and Spillovers of R&D: Evidence from Firm Patnets, Profits, and Market Value ［J］. American Economic Review 76.

［123］ Jaff A B. Demand and Supply Influences in R&D Intensity and Productivity Growth, Review of Economics and Statistics ［J］, 1998, 70 (3).

［124］ Jeffrey I, Bernsterina. , TheofanisP. Mamuneas. Depreciation Estimation, R&D North American Manufacturing Productivity Growth ［J］. Annals of Economics and Statistics/Annales etde Statistique, 2005.

［125］ Jeffery I. Bernstein. The Structure of Canadian Inter-Industry R&D Spillovers, And the Rates of Return of R&D ［J］. The Journal of Industrial Economics, 1989.

［126］ Kim T, ParkC S. R&D, Trade, and Productivity Growth in Korean Manufacturing ［J］. Review of World Economics/Weltwirtschaftliches Archiv, 2003,

139 (3).

［127］ Kerry Schott. Investment in Private Industrial Reasearch and Development in Britain ［J］. Journal of Industrial Economics, 1976, 25 (2).

［128］ Lisa Mataloni, Carol E, Moylan. 2007 R&D Satellite Account Methodologies: Current Dollar GDP Estimates ［R］. www. bea. gov. December 2007/October 2015.

［129］ Mansfield E, Romeo A, Switzer L. R&D Price Indexes and Real R&D Expenditures in the United States ［J］. Research Policy, 1983, 83 (12).

［130］ Mansfield E. Price Indexes for R&D Inputs, 1969 - 1983 ［J］. Management Science, 1987, 33 (1).

［131］ Mead C. R&D Depreciation Rates in the 2007 R&D Satellite Account ［J/OL］. 2007.

［132］ M. Ishaq Nadiri, Ingmar R. Prucha. Estimation of Depreciation Rate of Physical and R&D in the U. S ［J］. Total Manufacturing Sector, Economic Inquiry, Vol. XXXIV, 1996.

［133］ Netherlands. R&D Satellite Accounts in the Netherlands: A Progress Report ［M］. www. cbs. nl/information, 2005.

［134］ Ning Huang, Erwin Diewer. Estimation of R&D Depreciation Rates: A Suggested Methodology and Preliminary Application ［J］. Canadian Journal of Economics, Vol. 44, No. 2, 2011.

［135］ Romer, P. M. Increasing Returns and Long - Run Growth ［J］. Journal of Political Economy, 1986.

［136］ Wolff E. N, NadriM. I. Spillover Effects, Link-age Structure and Reasearch and Development ［M］. Structure Change and Economic Dynamic, 1983.